LA MUSIQUE THEORIQUE, ET PRATIQUE,

Dans son ordre naturel;

NOUVEAUX PRINCIPES

Par Mr. *****.

DE L'IMPRIMERIE
De J.-B.-Christophe Balla..d, Seul Imprimeur
du Roy pour la Musique, à Paris, au Mont-Parnasse,
ruë Saint Jean-de-Beauvais.

M. DCC XXII.

Avec Privilege du Roy.

PRÉFACE.

LES differens Sons de la Voix ont deux grands usages, l'un d'être le signe de nos pensées, & l'autre de pouvoir former des Chants capables d'exprimer les passions : Ainsi l'on peut dire que la Musique, considerée en elle-même & dans son origine, n'étoit que la simple expression des Chants que la Voix formoit naturellement, dont la perfection dépendoit de la disposition des organes & de la beauté de l'imagination : Mais les hommes, sensibles à cette Musique naturelle, en ont recherché les causes ; ils ont raisonné sur la Nature, sur les Proprietez, & sur l'Arrangement des Sons ; & ces reflexions qui font toute la Theorie de la Musique font les causes principales de ses plus heureuses productions ; car les genies, conduits par ces nouvelles lumieres, en devinrent plus sages & plus hardis ; les Musiciens trouverent le chemin du cœur, & s'étant rendu maîtres de tous ses mouvemens, ils inspirerent à leur gré toutes les passions d'une maniere si vive & si surprenante, que les merveilleux effets qu'on en raconte pourroient passer pour fabuleux, s'ils n'étoient autorifez par les témoignages *&* les paſſages des plus graves *&* des plus celebres Auteurs. Ce fût ſans doute le plaiſir qu'inſpiroient de ſi charmants Ouvrages, qui fit craindre d'en perdre le ſouvenir, *&* qui fut cauſe de l'Invention ingenieuſe des Notes *&* des Caracteres, capables de les rendre durables *&* de les fixer. La connoiſſance *&* la facilité de déchiffrer ces caracteres fait la Pratique de la Muſique, qui jointe à ſa Theorie font un Art complet.

L'Art de la Muſique n'eſt donc autre choſe qu'une ſuite de Principes *&* de Regles qui expliquent les Proprietez des Sons, *&* qui enſeignent d'une maniere claire *&* certaine, l'Uſage des Notes *&* des Caracteres qui les expriment. Cette définition renferme les deux grandes parties de l'Art de la Muſique; Sçavoir, *LA THEORIE & LA PRATIQUE* qu'il faut traiter ſeparément *&* de ſuite, pour avoir des idées juſtes *&* exactes de cet Art, dont les Principes ne doivent être ny diſperſez ny confondus. Il eſt vray que quelques Perſonnes habiles *&* d'une grande experience ont eû deſſein de réünir les connoiſſances de la Muſique dans les Methodes qu'elles en ont données au Public: Mais, je n'en vois aucune (quoique d'ailleurs eſtimables) qui ne laiſſe quelque choſe à deſirer, *&* qui contienne dans un ordre naturel tout ce qu'il eſt neceſſaire de ſçavoir *&* de poſſeder avant que d'être en état de commencer l'étude de la Compoſition: Car, ſans parler des petites Methodes qui ne contiennent que quelques Regles *&* quelques

Exemples de Pratique, ny du défaut grossier de quelques autres qui commencent leurs premieres Leçons sur des Tons transposez, il est constant que toutes les Methodes en general, confondent la Theorie & la Pratique, ce qui est d'une tres-grande consequence, puisque cette confusion empesche les Ecoliers de rendre raison de ce qu'ils ont appris, & retarde les progrès qu'ils auroient faits en moins de temps, s'ils avoient été plus sçavament exercez. Je conviens qu'il n'est pas necessaire pour apprendre la Musique en peu de temps, de sçavoir touchant la Theorie, tout ce que les Auteurs ont écrit de la Nature & de la Proportion des Sons ; ny touchant la Pratique, l'histoire & les differens systémes de l'institution des Caracteres. Je sçay que ce sont des curiositez dont on peut fort bien se passer; Mais je puis raisonnablement soûtenir, après en avoir fait l'experience, qu'il y a une Theorie necessaire qui satisfait l'esprit & qui facilite l'acquisition de la Pratique, en surmontant toutes les difficultez de cette Pratique. Ce sont ces épreuves qui m'engagent à communiquer au Public ce nouvel Ordre que j'ay divisé en deux Parties, dans lesquelles je renferme successivement tous les Principes de Theorie & les Exemples de Pratique qui doivent préceder la Composition.

Les Principes de Theorie qui composent la premiere Partie, se reduisent aux douze articles suivans ; qui sont,

LA CONNOISSANCE Des differens Sons & des Intervales,

DES Modes,

DES Tons,

LA CONNOISSANCE DE *la reduction des Tons transposez
à une nomination naturelle,*

    DES *transpositions d'Airs sur toutes sor-
tes de Tons,*

    DE *la Modulation,*

    DES *Cadences,*

    DES *Préludes,*

    DE *l'usage & du raport des Clefs,*

    DE *la maniere de chanter dans la Partition,*

    DE *ce qu'il faut observer avant que de
chanter un Air, en le chantant, & après
l'avoir chanté;*

    ENFIN*, des moyens dont on peut se
servir pour s'accoûtumer à noter d'oreille.*

*J'en ay placé les Exemples à la fin de la seconde Partie de
ce Livre, pour ne pas interrompre la liaison du discours.*

*Il est aisé de voir par la simple inspection des Articles de
cette premiere Partie, qu'elle contient des connoissances necessaires qui ne sont point renfermées dans les autres Instructions
de Musique; Et j'ay lieu d'esperer que l'ordre & le choix
des Leçons & des Pieces qui composent la Seconde, ne la ren-
dront pas moins utile.*

*Comme cette seconde Partie consiste dans l'execution, je
n'y ay point mis de raisonnement, j'ay seulement dit, que pour
bien executer il falloit observer fidellement la Nomination,
l'Intonation, & la Mesure, n'ayant point eu d'autre vûe que
d'en faciliter & d'en assurer la possession. Pour y parvenir,*

(après avoir fait reflexion que le Plein-Chant & la Musique
étoient entierement semblables dans la Nomination & dans
l'Intonation) j'ay commencé à donner des Leçons avec des
Notes rondes sur les Tons naturels & sur toutes les Clefs;
ensuite, j'en ay donné sur les Tons transposez, en indiquant
la maniere de les reduire aux Tons naturels.

La Nomination & l'Intonation, supposées acquises, par
l'intelligence & l'usage de ces premieres Leçons, je passe à la
Mesure qui est, comme l'on sçait, l'ame de la Musique, &
ce qui la distingue du Plein-Chant; & après avoir donné la
connoissance des Figures & des Caracteres qui expriment les
differentes valeurs des Sons, je mets des Observations & des
Regles sur la Mesure, que je puis dire m'estre propres, par
la maniere dont elles sont traitées; & les fruits que j'en ay
vû retirer, me donnent lieu d'esperer que le Public ne me
sçaura pas mauvais gré de les avoir ainsi disposées.

Enfin, pour mettre les Ecoliers & les Amateurs de Musique
en état de déchiffrer facilement & avec connoissance, toutes
sortes d'Airs sur les differents Signes imaginables, j'ay receuilly
avec soin, & j'ay rangé suivant l'ordre naturel de tous les
degrez de mouvemens dont les Mesures à quatre Temps, à
deux Temps, & à trois Temps sont susceptibles, les plus belles
Pieces qui ayent été faites dans tous les genres de Musique,
pour servir de Modeles; On en peut voir le choix d'un coup
d'œil, dans la Table de ce Livre.

Pour répondre à l'objection que je prévois qu'on pourroit me faire sur le peu d'étenduë que j'ay donnée aux Principes de la premiere Partie ; j'avouë qu'à la verité, ces Principes devroient être plus dévolopez & plus expliquez s'il étoit possible d'aprendre sans Maître & dans un Livre, une Science Pratique telle qu'est la Musique ; mais l'experience faisant connoître le contraire, j'ose me flatter que Messieurs les Professeurs de Musique qui possedent ces Principes, & qui en sont les Interpretes, ne me refuseront point de les mettre dans tout leur jour, par des Exemples plus clairs & plus sensibles.

Au reste, quoy qu'on ait separé la Theorie de la Pratique, suivant l'ordre naturel qu'on s'est prescrit ; il est toûjours à supposer que Messieurs les Maîtres en feront le mélange qu'ils jugeront à propos.

D'ailleurs on comprend bien que des Ecoliers qui n'auront encore aucune teinture de Musique, se trouveront embarassez par les Termes propres de l'Art, s'ils n'ont des Maîtres pour les leur expliquer ; ou à leur défaut, le Dictionnaire de Musique de Monsieur DE BROSSARD, dont on n'auroit pû faire qu'une repetition, peut être moins exacte, si l'on avoit cru en devoir surcharger ce Livre.

Quand on possedera ces Principes, on pourra se perfection-ner avec l'excellent Traité que Monsieur RAMEAU vient de donner au Public ; on y trouvera des Instructions pour la Com-position & pour l'Accompagnement, qui ne laissent rien à de-sirer sur ces matieres.

On trouve le Memoire de toutes les sortes d'Instructions de Musique, à la fin du Traité de Monsieur RAMEAU.

LA

LA MUSIQUE

THEORIQUE,

ET PRATIQUE,

Dans son ordre naturel.

DE LA THEORIE.

A Musique considerée par rapport à ses effets, est un assemblage de Sons qui, par leur arrangement & leur combinaison, causent dans l'ame un sentiment agreable en passant par l'organe de l'oüie. Ces Sons qui sont parconsequent l'objet de la Musique, se forment naturellement ; & tout l'Art de la Musique n'est fondé que sur les Reflexions que l'on a faites sur la nature, les proprietez & les rapports de ces mêmes Sons. Ces rapports sont produits de la proximité ou de l'éloignement que ces Sons ont entr'eux : Des Intervales qui en naissent, le plus petit est l'éloignement d'un demy-Ton, & le plus grand d'un Octave. Ce n'est pas qu'on ne trouve un plus grand éloignement entre les Sons, puisque l'on compte jusqu'à quatre Octaves dans l'étenduë des Voix humaines ; mais c'est que l'élevation qui se trouve dans la seconde & dans les autres Octa-

A

ves, n'est précisément qu'une repetition de la premiere, d'où l'on peut conclure que tous les Intervales possibles sont contenus dans l'Octave, où l'on en remarque sept principaux qui sont formez par sept Sons differens ; Sçavoir la *Seconde*, la *Tierce*, la *Quarte*, la *Quinte*, la *Sixte*, la *Septiéme* & l'*Octave*, lesquels Intervales subdivisez chacun en leurs especes, sont ou *Majeurs* ou *Mineurs*, ou *Justes*, ou *Superflus*, ou *Diminuez*, & font en tout vingt-trois sortes d'Intervales, dont je donneray les noms & la composition aprés avoir expliqué les differentes divisions de l'Octave qui, comme nous avons dit, est le plus grand de tous les Intervales, & comprend tous les autres.

ART. I.
Des differents Sons & des Intervales.

L'Octave contient douze Sons differens, le Treiziéme n'étant que la repetition du premier. De ces douze Sons, il y en a sept connus sous les noms de *Ut*, *Re*, *Mi*, *Fa*, *Sol*, *La*, *Si*, les cinq autres sont exprimez par des Diezes, *ainsi* ✲, ou par des Bemols, *ainsi* ♭, lesquels Diezes & Bemols servent aussi à partager les Tons de l'Octave-Diatonique ou naturel en deux demy-Tons.

L'Octave ainsi conçû & composé de douze Sons differents peut estre divisée en trois manieres par rapport aux trois differents Chants de la Musique ; Sçavoir le *Chant Diatonique*, le *Chromatique* & l'*Enharmonique*.

Le Chant Diatonique est un Chant composé de sept cordes ou Notes principales qui procede par Tons & demy-Tons majeurs. C'est ce Chant Diatonique qui produit la division de l'Octave en cinq Tons justes & deux demy-Tons majeurs, en cet ordre *Ut*, *Re*, *Mi*, *Fa*, *Sol*, *La*, *Si*, *Ut*.

Le Chant Chromatique est un Chant plus tendre qui procede par demy-Tons majeurs & par demy-Tons mineurs ; c'est de ces deux sortes de Chants Diatonique & Chromatique que nos Musiques sont composées, & ce Chant Chromatique donne occasion de diviser l'Octave en douze demy-Tons, dont sept sont Majeurs, & cinq sont Mineurs. Le demy-Ton majeur est formé de deux cordes prochaines de differens noms, comme du *Mi* au *Fa*, & du *Si* à l'*Ut* ; le demy-Ton mineur est formé de deux cordes prochaines de même nom, comme de l'*Ut* à l'*Ut Dieze*.

Le Chant Enharmonique est un Chant qui se fait par quarts de Tons ; ce Chant n'est pas en usage à cause de la difficulté qu'il y a de le chanter : Ainsi je ne donne point la division de l'Octave par rapport à luy, & je reviens à l'explication des vingt-trois Intervales compris dans l'Octave des Chants Diatonique & Chromatique.

L'Intervale de SECONDE se distingue en trois especes ; *Juste*, *Superfluë* & *diminuée*. L'Intervale d'une *Seconde Juste* est composé d'un Ton, comme de l'*Ut* au *Re*. L'Intervale d'une *Seconde diminuée* est composé d'un demy-Ton majeur, comme du *Mi* au *Fa*. L'Intervale d'une *Seconde superfluë* est composé d'un Ton & d'un demy-Ton mineur, comme du *Si bemol* à l'*Ut dieze*.

L'Intervale de TIERCE a quatre especes. L'Intervale de *Tierce majeure* est composé de deux Tons, comme de l'*Ut* au *Mi*. L'Intervale de *Tierce mineure* est composé d'un Ton & d'un demy-ton majeur, comme du *Re* au *Fa*. L'Intervale d'une *Tierce superfluë* est composé de deux Tons & d'un demy-ton mineur, comme du *Mi bemol* au *Sol dieze*. L'Intervale d'une *Tierce diminuée* est composé de deux demy-tons majeurs, comme du *Sol dieze* au *Si bemol*.

L'Intervale de QUARTE a trois especes. L'Intervale de *Quarte juste* est composé de deux tons & d'un demy-ton majeur, comme de l'*Ut* au *Fa*. L'Intervale de *Quarte superfluë* qu'on appelle aussi *Triton* est composé de trois Tons, comme de l'*Ut* au *Fa dieze*. L'Intervale d'une *Quarte diminuée* est composé d'un Ton & de deux demy-tons majeurs, comme de l'*Ut dieze* au *Fa*.

L'Intervale de QUINTE a trois especes. L'Intervale de *Quinte juste* est composé de trois tons & d'un demy-ton majeur, comme de l'*Ut* au *Sol*. L'Intervale d'une *Quinte superfluë* est composé de quatre tons, comme de l'*Ut* au *Sol dieze*. L'Intervale d'une *Quinte diminuée* qu'on appelle *fausse-Quinte* est composé de deux tons & de deux demy-tons majeurs, comme de l'*Ut dieze* au *Sol*.

L'Intervale de SIXTE a quatre especes. L'Intervale de *Sixte majeure* est composé de quatre tons & d'un demy-ton majeur, comme de l'*Ut* au *La*. L'Intervale de *Sixte mineure* est composé de trois tons & de deux demy-tons majeurs, comme du *La* au *Fa*. L'Intervale d'une *Sixte superfluë* est composé de cinq tons, comme du *Si bemol* au *Sol dieze*. L'Intervale d'une *Sixte diminuée* est composé de deux Tons & de trois demy-tons majeurs, comme du *Sol dieze* au *Mi bemol*.

L'Intervale de SEPTIE'ME a trois especes. L'Intervale d'une *Septiéme juste* est composé de quatre tons & deux demy-tons majeurs, comme de l'*Ut* au *Si* bemol. L'Intervale d'une *Septiéme superfluë* est composé de cinq tons & d'un demy-ton majeur. L'Intervale d'une *Septiéme diminuée* est composé de

trois Tons & trois demy-tons majeurs, comme de l'*Ut dieze*
au *Si bemol.*

Je n'ay distingué les Intervales de *Septiéme* & de *Seconde* en
trois especes, que pour me conformer au nouveau Systême de
M*r*. Rameau, qui me paroît démontré.

L'Intervale d'Octave a trois especes. L'Intervale d'un *Octave
juste* est composé de cinq tons & deux demy-tons majeurs,
comme de l'*Ut* à l'*Ut*. L'Intervale d'*Octave superfluë* est composé de six tons & d'un demy-ton majeur, comme de l'*Ut* à
l'*Ut* dieze. L'Intervale d'une *Octave diminuée* est composé de
quatre tons & de trois demy-tons majeurs, comme de l'*Ut*
dieze à l'*Ut naturel.*

Ces vingt-trois Intervales joints à la durée des Sons qui les
composent, produisent tous les Chants & tous les Airs possibles,
dont la varieté se tirera des differens arrangemens de ces Intervales, & de la differente valeur de ces Sons ; Les Modes
provenants des differents arrangements de ces Intervales ; & les
differentes Mesures provenantes aussi de la valeur de ces Sons.

Les Musiciens entendent par Mode, la maniere de commencer de continuer & de terminer un Chant.

ART. II.
Des Mo-
des.

On reduit la conduite d'un Air ou d'un Chant à deux Modes;
l'un s'appelle *Mode majeur*, & l'autre *Mode mineur*. La difference
de ces deux Modes se prend de leur Tierce au-dessus de la Finale
de l'Air : Pour en avoir une plus parfaite connoissance, il faut
observer que chaque Mode a sept Notes ou Cordes qui luy sont
propres, lesquelles Notes reçoivent chacune une dénomination
particuliere.

Il y en a trois que l'on nomme *Essentielles* ; Sçavoir la
Finale, la Mediante & la Dominante. Deux que l'on nomme
Cordes naturelles, parce que l'on ne peut faire un *beau Chant*, ny
même une *Harmonie gracieuse* sans leur secours. Ces deux Cordes
font, 1°. Dans quelque Mode que ce soit, un demy-Ton majeur,
soit *Naturel*, soit *Accidentel*, au-dessous de la Finale, 2°. Pour les
Modes mineurs, un demy-Ton majeur au-dessus de leur *Dominante*,
3°. Pour les *Modes majeurs*, un Ton plein au-dessus de leur *Dominante*.
Et deux autres que l'on nomme *Necessaires* ; sçavoir un Ton plein
au-dessus de la Finale, & un Ton plein au-dessous de la Dominante. On entend icy par Ton, la Note finale de l'Air. La diver-
sité du Progrez de ces sept Cordes dans l'Octave, fait la difference
du Mode majeur d'avec le Mode mineur.

Le Progrez du *Mode majeur* se forme d'une Tierce majeure,
à compter de la Finale ; D'une Tierce mineure, le demy-Ton

le premier , à compter de la Mediante ; D'une Tierce majeure , à compter de la Dominante ; Et d'un demy-Ton.

Exemple.

3e. maj. 3e. min, 3e. maj. demy-ton.

Ut, Re, Mi, Fa, Sol, La, Si , Ut.

Le Progrez du *Mode mineur* se forme d'une Tierce mineure, d'une Tierce majeure, d'une Tierce mineure , le demy-Ton

3e. min. 3e. maj. 3e. min. ton.

le premier , & d'un Ton , comme La, Si, Ut, Re, Mi, Fa, Sol, La. Dans cet ordre du Mode mineur, non seulement la premiere Tierce se trouve mineure ; mais encore la sixiéme & la septiéme ; il faut cependant remarquer que l'on y fait ordinairement la Sixiéme & la Septiéme majeure, principalement en procedant de la Dominante à la Finale en montant, & que la Modulation demande plus souvent la Sixiéme mineure de ce Mode que la Sixiéme majeure , & la Septiéme majeure que la Septiéme mineure.

Voilà ce qui constituë le Mode majeur & le Mode mineur; mais il faut sçavoir que les Musiciens , soit pour varier , soit pour une plus parfaite expression, soit pour s'accommoder aux Voix, non seulement composent dans ces deux Modes sur les sept Cordes principales de l'Octave, qui sont, comme nous avons dit, Ut, Re, Mi, Fa, Sol, La Si ; mais encore sur les cinq feintes, c'est-à-dire sur les Diezes ou Bemols qui font partie des douze Sons ou Cordes de l'Octave, ainsi voilà douze Finales sur l'une desquelles un Air peut finir. On appelle aussi Tons , ces Finales; & comme de ces douze Finales ou Tons , il y en a neuf qui sont susceptibles de deux differens noms ils feront dix-huit Tons, qui joints aux trois autres Tons ou Finales qui n'ont qu'un nom , feront vingt-un Tons, lesquels Tons ou Finales pouvant être traitez en Mode majeur & en Mode mineur font en tout quarante-deux Tons, quoique réellement un Air ne puisse finir que sur douze Tons differens.

Art. III.
Des Tons
ou Finales.

On regarde comme Ton naturel celuy qui n'employe ny Dieze ny Bemol pour exprimer le progrez du Mode dans lequel un Air est composé, c'est ce qui fait que le Ton de C-Sol-Ut est remarqué comme le modele du Mode majeur , auquel tous les Tons transposez en Mode majeur doivent se rapporter. Et il n'y a proprement que le Ton de C-Sol-Ut qui soit pur & naturel; car le ton d'A-Mi-La qui est regardé comme le modele naturel du Mode mineur, auquel les tons transposez en Mode

mineur se rapportent, est tres-souvent alteré de quelque dieze.
On peut aussi rapporter au Ton de D-La-Re, les Tons transposez
en Mode mineur, quoique ce rapport soit moins parfait ; ainsi
il faut regarder comme Ton transposé tout Air qui ne finit
point en Ut en Mode majeur, & en Re ou en La en Mode
mineur ; & qui par consequent aura au commencement de sa
Clef un ou plusieurs Diezes, un ou plusieurs Bemols selon l'exi-
gence du ton de l'Air transposé.

Les Diezes se posent au commencement de la Clef de quinte
en quinte en montant, dans cet ordre Fa, Ut, Sol, Re, La, &c.
Et les Bemols de quarte en quarte en montant, dans cet ordre
Si, Mi, La, Re, Sol, &c.

Il sera aisé par la connoissance de ces Modes & de ces Tons,
de juger si un Air est regulierement ou irregulierement écrit,
en remarquant si les Tons transposez ont proche de leur Clef
le nombre de Diezes & de Bemols necessaires pour être confor-
mes dans le progrez de l'Octave, aux Tons naturels qui sont leurs
modeles en Mode majeur & en Mode mineur ; & pour connoistre au juste le nombre de Diezes & de Bemols qui doivent
être placez auprès de la Clef des Airs transposez, il suffit de
sçavoir pour les Airs transposez par des Diezes, que le Ton
final de G-Re-Sol majeur ne demande qu'un Dieze ; Que le
Ton d'E-Si-Mi dans le Mode mineur n'exige pareillement qu'un
Dieze au commencement de la Clef ; Que le Ton final de G-Re-
Sol en Mode mineur ne demande qu'un Bemol ; Et que le Ton
d'F-Ut-Fa Mode majeur ne veut aussi qu'un Bemol au commencement de sa Clef.

Ces quatre Tons constatez, on connoît tous les autres, en
montant de Quinte en Quinte pour les Airs transposez
par des Diezes, & en montant de Quarte en Quarte pour
les Airs transposez par des Bemols ; ainsi, l'ordre des Tons
majeurs transposez par des Diezes, sera Sol, Re, La, Mi, Si, &c.
L'ordre des Tons mineurs aussi transposez par des Diezes, sera
Mi, Si, Fa ♯, Ut ♯, Sol ♯, &c.

L'ordre des Tons majeurs transposez par des Bemols, sera
Fa, Si ♭, Mi ♭, La ♭, Re ♭, &c. Et celuy des Tons
mineurs par Bemol, sera Sol, Ut, Fa, Si ♭, Mi ♭, &c.

On tire aussi de ces connoissances, la raison & la maniere aisée de reduire à une nomination naturelle tous les Airs transposez quelques chargez qu'ils soient de Diezes & de Bemols, en nommant simplement UT, la Finale de tous les Airs transposez en Mode majeur ; en nommant LA, la Finale des Airs transposez par des Diezes en Mode mineur ; en nommant RE, la Finale des Airs transposez par des Bemols aussi en Mode mineur ; & en supposant au commencement de tous ces Airs reduits au naturel, la Clef que leurs Finales demandent.

Art. IV.
Reduction
des Tons
transposez
à une no-
mination
naturelle.

Ces Principes rendent encore tres-facile la Transposition d'un Air sur toutes sortes de Tons, puisqu'il ne faut pour y parvenir, que supposer une Clef convenable, & accompagner cette même Clef du nombre de Diezes & de Bemols essentiels au Ton dans lequel on souhaite que cet Air soit transposé.

Art. V.
Transposi-
tion d'un
Air sur tous
les Tons.

Quelques Exemples vont éclaircir cette pratique : Supposé donc que je veüille transposer en MI, un Air dont la Finale est en UT Mode majeur, je commence par regarder cette Note Ut, qui est la Note finale de l'Air que je veux transposer en Mi, comme si veritablement c'étoit un Mi qui le devient effectivement, en écrivant au commencement de l'Air la Clef qui fait réellement nommer cette derniere Note Mi ; ensuite je fais reflexion qu'un Air qui finit en Mi mode majeur, est un Ton transposé, puisqu'il n'y a que le Ton d'Ut qui soit le modele & le ton naturel du Mode majeur. Je remarque encore que le Ton de Mi mode majeur, est transposé par des Diezes, parce que pour former la Tierce majeure, depuis le Mi note finale, jusqu'au Sol qui est la mediante de l'Air, il faut des Diezes ; ainsi il ne me reste plus qu'à sçavoir combien j'en dois mettre au commencement de la Clef, ce que je trouveray aisément, si je me ressouviens que le premier Ton majeur transposé par des Diezes, qui demande un Dieze au commencement de la Clef, est le SOL, & que par consequent en montant de quinte en quinte le Ton qui en demande deux, est le RE ; celuy qui en demande trois est le LA, & celuy qui en demande quatre, le MI, Ton sur lequel j'ay voulu transposer l'Air qui étoit en Ut, ce qui fait voir que si j'avois voulu transposer le ton d'UT mode majeur, sur le RE, il auroit fallu deux Diezes au commencement de la Clef, qu'il en auroit fallu trois sur le LA, & ainsi de suite de quinte en quinte.

Si je voulois transposer sur le Ton FA dieze, un Air qui finiroit sur un LA ton naturel du Mode mineur, je commencerois par nommer FA dieze le ton du LA que je voudrois transposer en mettant la Clef convenable à cette nomination, enfuite confiderant que le ton FA dieze eft un ton tranfpofé par des Diezes, je chercherois quel eft le premier Ton tranfpofé en Mode mineur qui ne demande qu'un Dieze ; & me refouvenant que c'eft le ton MI, en montant de quinte en quinte ; je verois que le fecond eft SI, & le troifiéme FA dieze, qui eft le ton fur lequel je voulois tranfpofer, c'eft pourquoy j'écris trois Diezes auprès de la nouvelle Clef.

Pour tranfpofer par des Bemols, il faut de même fuppofer une Clef convenable, & mettre au commencement de cette Clef le nombre de Bemols qu'exigent le Ton & le Mode dans lequel on veut tranfpofer, en fe refouvenant que le premier Ton en Mode majeur, qui demande un Bemol eft le Fa ; le fecond le Si-bemol ; le troifiéme le Mi-bemol, & ainfi des autres de quarte en quarte jufte en montant ; & que le premier Ton qui demande un Bemol en Mode mineur eft le Sol en montant auffi de quarte en quarte jufte pour les autres Tons. On trouvera à la fin de la feconde partie de cette Methode des Exemples de toutes ces tranfpofitions, qui joints aux Explications des Maîtres, acheveront de lever toutes les difficultez.

Voicy encore une autre maniere que j'ay trouvée pour tranfpofer un Air fur toutes fortes de Tons, c'eft une fuite des Principes, & de la connoiffance des Modes & des Tons qui ont déja efté expliquez.

Il ne faut pour pratiquer cette feconde maniere de tranfpofer, que fe refouvenir du progrès des cordes du Mode majeur & du Mode mineur depuis la Finale d'un Air jufqu'à fon Octave. Si j'avois par exemple à tranfpofer en SI, un Air qui finiroit en RE mode majeur, je commencerois par nommer SI, cette Finale, en fuppofant ou en mettant la Clef qui feroit nommer SI, la Finale qui étoit auparavant un RE ; enfuite je dirois, l'Air que je veux tranfpofer étant en RE mode majeur, il faut que je donne le progrès du mode majeur à l'Octave du SI qui eft le Ton fur lequel je veux tranfpofer. Or le progrez du mode majeur depuis fa Finale jufqu'à fon Octave, eft comme je l'ay déja dit, une Tierce majeure, une Tierce mineure le demy-Ton le premier, une Tierce majeure & un demy-Ton ; ainfi, pour trouver le même progrez dans l'Octave du SI, qui eft le Ton fur lequel je veux tranfpofer, il faut pour la premiere Tierce majeure, mettre au commencement

de la Clef, un Dieze fur l'Ut & fur le Re, ce qui fera Si, Ũt, R̃e,

pour

pour la Tierce mineure le demy-ton le premier, il faut mettre
un ✳ fur le Fa, *ainſi* Re, Mi, Fa, pour la ſeconde Tierce majeure,
il faut encore mettre un ✳ ſur le Sol & ſur le La, *ainſi* Fa, Sol, La,
auquel ajoûtant le demy-ton Si, on aura le progrez juſte du

Mode majeur, *ainſi* Si, Ut, Re, Mi, Fa, Sol, La, Si.

Si je voulois tranſpoſer un Air qui finiroit en LA, mode majeur, ſur le Ton de SI ♭, je commencerois par nommer SI ♭
le LA que je veux tranſpoſer en ſuppoſant une Clef & un
Bemol ſur le SI, qui feroit nommer le LA un SI ♭ ; enſuite
parcourant l'Octave de Si ♭, Ut, Re, Mi, Fa, Sol, La, Si ♭ ;
je verrois que pour la premiere Tierce majeure, il ne faudroit rien ajoûter. Si ♭, Ut, Re, pour la Tierce mineure
le demy-ton le premier, il faudroit un bemol ſur le Mi, ce qui
feroit Re, Mi ♭, Fa ; à l'égard de la derniere Tierce majeure
elle s'y trouve naturellement auſſi-bien que le demy-Ton, ce
qui produit cette Octave Si ♭, Ut, Re, Mi ♭ Fa, Sol, La,
Si ♭.

Pour tranſpoſer en Mode mineur, il faut pareillement ſe
reſouvenir de ſon progrez qui eſt une Tierce mineure le demy-
ton après le ton, une Tierce majeure, une ſeconde Tierce mineure le demy-Ton le premier, & un Ton, *ainſi* La, Si,
Ut, Re, Mi, Fa, Sol, La ; ce qui étant connu, voicy comme il en faut faire l'application.

Si l'on me donnoit, par exemple, un Air qui finiroit en Sol
mode mineur, à tranſpoſer en Mi, je commencerois par ſuppoſer
une Clef qui me feroit nommer Mi, le Sol que je veux tranſpoſer, enſuite parcourant l'Octave de ce même Mi, je dirois
le progrez du mode mineur, demandant d'abord une Tierce
mineure le demy-ton aprés le ton, je dois mettre un dieze ſur
le Fa de ma premiere Tierce mineure pour la rendre ſemblable

à ſon modele, ce qui ſera Mi, Fa ✳, Sol, la Tierce majeure ſe trouve enſuite naturelle Sol, La, Si, la ſeconde Tierce mineure
s'y trouve naturellement Si, Ut, Re, & le ton auſſi qui tombe

ſur le Mi qui termine l'Octave, dont le progrez Mi, Fa, Sol, La,
Si, Ut, Re, Mi, eſt ſemblable au modele du Mode mineur;
ainſi donc, pour tranſpoſer par cette ſeconde maniere, en mode
majeur & en mode mineur ſur toutes ſortes de Tons, il n'y a
qu'à ſuppoſer une Clef convenable, & ajoûter au commencement de la Clef, le nombre de Diezes ou de Bemols neceſſaires

pour rendre le progrez de l'Octave du Ton transposé, soit majeur ou mineur, semblable au modele de l'un ou de l'autre de ces deux Modes.

Enfin, pour rendre encore plus facile la Transposition d'un Air sur toutes sortes de Tons, je joins icy une Liste de tous les principaux Tons sur lesquels on peut composer, avec le nombre de Diezes & de Bemols que chaque Ton transposé doit avoir au commencement de sa Clef, outre une Table qui contiendra tous les Tons possibles, sur lesquels un Air peut être travaillé, avec le nombre de Diezes & de Bemols placez en leur lieu au commencement de la Clef, qu'on trouvera à la fin de ce Livre à l'Article des Transpositions.

LISTE DES TONS PRINCIPAUX
en Mode majeur & en Mode mineur.

Mode majeur.

Le modele du Mode majeur, est le Ton d'UT, qui par conséquent ne demande ny Diezes ny Bemols au commencement de sa Clef.

Tons transposez par des Diezes.

Le premier Ton en Mode majeur qui demande un Dieze aprés la Clef, est le SOL; ce Dieze doit être placé au commencement de la Clef, sur le Fa.

Le RE demande deux Diezes posez sur le Fa & sur l'Ut.

Le LA en demande trois posez sur le Fa, sur l'Ut & sur le Sol.

Le MI en demande quatre posez sur le Fa, sur l'Ut, sur le Sol, & sur le Re.

Le SI en demande cinq posez sur le Fa, sur l'Ut, sur le Sol, sur le Re & sur le La.

Le FA ♯ en demande six posez sur le Fa, sur l'Ut, sur le Sol, sur le Re, sur le La & sur le Mi.

L'UT ♯ en demande sept posez sur le Fa, sur l'Ut, sur le Sol, sur le Re, sur le La, sur le Mi & sur le Si.

Tons transposez par des Bemols.

Le premier Ton en Mode majeur qui demande un Bemol aprés la Clef est le Ton FA, ce Bemol doit être placé sur le Si.

Le SI ♭ en demande deux posez sur le Si & sur le Mi.

Le MI ♯ en demande trois posez sur le Si , sur le Mi &
sur le La.

Le LA ♯ en demande quatre posez sur le Si , sur le Mi,
sur le La & sur le Re.

Le RE ♯ en demande cinq posez sur le Si , sur le Mi , sur
le La, sur le Re & sur le Sol.

Le SOL ♯ en demande six posez sur le Si , sur le Mi , sur
le La, sur le Re , sur le Sol & sur l'Ut.

L'UT ♯ en demande sept posez sur le Si , sur le Mi , sur le
La , sur le Re , sur le Sol, sur l'Ut & sur le Fa.

Mode mineur.

Le modele du Mode mineur est le LA , c'est pourquoy il ne
demande ny Dieze ny Bemol ; quelques personnes regardent
aussi comme modele le Ton de D-LA-RE.

Tons transposez par des Diezes.

Le premier Ton en Mode mineur qui demande un Dieze est
le MI ; ce Dieze est posé sur le Fa.

Le SI ♯ en demande deux posez sur le Fa & sur l'Ut.

Le FA ✳ en demande trois posez sur le Fa , sur l'Ut &
sur le Sol.

L'UT ✳ en demande quatre posez sur le Fa , sur l'Ut , sur
le Sol & sur le Re.

Le SOL ✳ en demande cinq posez sur le Fa , sur l'Ut , sur
le Sol, sur le Re & sur le La.

Le RE ✳ en demande six posez sur le Fa , sur l'Ut, sur le
Sol , sur le Re , sur le La & sur le Mi.

Le LA ✳ en demande sept posez sur le Fa , sur l'Ut, sur
le Sol, sur le Re , sur le La , sur le Si & sur le Mi.

Tons transposez par des Bemols.

Le premier Ton en Mode mineur qui demande un Bemol
aprés la Clef est le SOL, ce Bemol doit être placé sur le Si.

L'UT en demande deux posez sur le Si & sur le Mi.

Le FA en demande trois posez sur le Si , sur le Mi , &
& sur le La.

Le SI ♭ en demande quatre posez sur le Si , sur le Mi,
sur le La & sur le Re.

B ij

Le MI ♯ en demande cinq posez sur le Si , sur le Mi , sur le La , sur le Re & sur le Sol.

Le LA ♯ en demande six posez sur le Si , sur le Mi , sur le La , sur le Re , sur le Sol & sur l'Ut.

Le RE ♯ en demande sept posez sur le Si , sur le Mi , sur le La , sur le Re , sur le Sol , sur l'Ut & sur le Fa.

Rien n'est plus aisé que l'usage de cette Liste & de la Table qui est à la fin de ce Livre à l'Article des Transpositions, puisqu'il ne faut que des yeux pour en faire l'application , les transpositions étant toutes faites ; car supposé que je voulusse transposer en Fa dieze, un Air qui seroit écrit en D-La-Re Mode majeur , en consultant cette Liste ou la Table , je trouverois que le Ton de Fa ♯ Mode majeur demande six diezes, & je n'aurois par conséquent qu'à supposer une Clef convenable qui seroit nommer Fa dieze la Note qui étoit auparavant nommée Re , & poser auprès de cette Clef sur les Notes cydessus marquées les six Diezes que demande le Ton de Fa dieze en Mode majeur , si l'on observe cette Methode sur tous les Tons du Mode majeur & du Mode mineur , on acquerrera sans peine la facilité de faire toutes sortes de transpositions.

Art. VI. De la Modulation.

Enfin , par la possession de tous les Principes que nous venons d'expliquer , on est conduit insensiblement à la connoissance de la Modulation que l'on peut regarder comme la Clef du genie de la Musique , puisque c'est par elle que l'on découvre l'Art du Compositeur , & que l'on le suit dans les détours qu'il a pris pour plaire ; c'est aussi par elle que l'on remarque qu'après avoir touché les principales cordes du Ton , & s'y être reposé par des Cadences , il est agreable de prendre l'essort , & de changer tantost de Mode , tantost de Ton , & quelquefois de l'un & de l'autre dans le même temps , en observant toûjours de ne point choquer l'oreille par la précaution que l'on prend de toucher les Cordes essentielles & la Corde favorite du Ton où l'on veut entrer , qui doit toûjours être amy de celuy que l'on quitte , ce qui se connoist lorsque le nouveau Ton n'a qu'une corde étrangere au precedent ; ainsi je regarde la Modulation comme la source de la science de la Musique ; plus on la connoist , plus on est Musicien ; & sans la Modulation , on ne connoistroit qu'imparfaitement les Cadences & l'Art de préluder.

Art. VII. Des Cadences.

Il faut entendre icy par le terme de *Cadence* deux Notes chantées de suite provenant d'un Chant , dont la derniere des deux Notes doit se trouver sur l'une des Cordes essentielles du Mode que l'on traite. Le Mode majeur a deux Cadences, une à la Finale, & l'autre à la Dominante. Le Mode mineur en a trois, une à la Finale, une à la Mediante, & la troisiéme à la Dominante. Les Cadences ont plusieurs proprietez que je passe icy sous silence, parce qu'elles ont toutes rapport à la Composition. Je diray seulement en general & en passant, que l'on peut remarquer quatre choses sur une Cadence ; *Primo*. De quelle espece elle est, c'est-à-dire, si elle est parfaite, imparfaite, ou rompuë. 2°. Sur quelle Corde ou Note tombe la Cadence. 3°. Quelle est la forme de sa terminaison. 4°. Quelle est l'accord qui la précede.

Les Préludes sont ordinairement des Chants qui donnent aux Voix & aux Instrumens, le ton de l'Air qu'ils doivent executer, ainsi Préluder, c'est en parcourant à son choix les cordes d'un Mode, former un Chant qui vienne se terminer sur la finale de l'Air que l'on va joüer ou chanter, cette sorte de Prélude s'appelle *Ritournelle* lorsqu'il prepare & donne le ton au Recitatif qui le suit. Voilà l'usage ordinaire des Préludes, cependant, il est bon de sçavoir qu'il y a une autre espece de Prélude qui suppose dans ceux qui l'executent, du genie, beaucoup de Musique & une grande possession des Instrumens, cette maniere de Préluder consiste à produire sur le champ & de fantaisie, des Airs sur toutes sortes de caracteres capables de plaire & de toucher ; c'est dans ces sortes de Préludes que les Illustres se distinguent, & qu'ils donnent des preuves de la beauté de leur genie & de l'étenduë de leur sçavoir : Il y a même dans ces compositions, d'heureux caprices qui enchantent & qui surprennent ; mais qui, semblables à des beautez qui fuyent, ne laissent que le souvenir des vives impressions qu'elles ont faites ; ce sont ces beaux endroits & ces saillies que leurs Auteurs regretent & qu'ils ne sçauroient rappeller. A l'égard des Airs dont on se souvient, on les conserve par le moyen des Notes & des Clefs de la Musique, dont il est bon de connoistre l'usage & les rapports.

Art. VIII. Des Préludes.

Il y a trois Clefs, la Clef de C-Sol-Ut qui se pose sur les quatre premieres lignes, la Clef de G-Re-Sol qui se met sur les deux premieres lignes, & la Clef d'F-Ut-Fa qui est posée sur la troisiéme & la quatriéme ligne ; ces differentes positions de Clefs font le même effet que s'il y en avoit sept, & produisent par consequent sept differentes nominations.

Art. IX. De l'Usage & du Rapport des Clefs.

L'usage des Clefs est de donner le nom aux Notes, & de marquer les Parties de la Musique, dont les principales sont le *Deſſus*, la *Haute-contre*, la *Taille* & la *Baſſe* qui eſt le fondement & la Baze de toutes les autres.

Le Rapport des Clefs eſt double; ſçavoir, Rapport de Ton, c'eſt-à-dire égalité de hauteur de Son , & Rapport de nomination.

Les quatre Poſitions de la Clef de C-Sol-Ut ſe rapportent au même Ton, c'eſt-à-dire à l'Uniſſon. Les deux Poſitions de celle de G-Re-Sol ſont entr'elles à l'Uniſſon, & les deux Poſitions de la Clef d'F-Ut-Fa ſont auſſi pareillement entr'elles à l'Uniſſon. La Clef d'F-Ut-Fa ſur la quatriéme ligne ſe rapporte à la Clef de G-Re-Sol ſur la premiere ligne pour la nomination , & toutes les Clefs accompagnées de Diezes & de Bemols dans les Tons tranſpoſez ſe rapportent & ſe reduiſent à la nomination naturelle de quelques-unes des trois Clefs.

Art. X. De la Maniere de Chanter dans la Partition.

La connoiſſance de l'Uſage & du Rapport des Clefs de la Muſique donne de la facilité pour chanter dans la Partition ; mais elle ne ſuffiroit pas , parce qu'une ſeule Voix n'a pas aſſez d'étenduë pour chanter à l'Uniſſon juſte les Parties ſuperieures & les inferieures , & pour y ſuppléer ; il faut chanter à l'Uniſſon ſuppoſé , en paſſant d'une Partie à l'autre quand elles ſont trop éloignées pour être chantées à l'Uniſſon juſte. Cependant comme la plus grande utilité des regles d'un Art ſe tire de leur uſage , je crois qu'il ſera avantageux à ceux qui ne ſont pas encore ſeurs dans l'execution de la Muſique , de leur propoſer par ordre ce qu'ils doivent obſerver avant que de commencer à chanter un Air , en le chantant , & après l'avoir chanté.

Art. XI. Des Regles qu'il faut obſerver.

Avant que de commencer, il faut, 1°. S'aſſurer de la Nomination, 2°. Remarquer en quel Mode & en quel Ton l'Air eſt compoſé , 3°. En connoiſtre exactement le caractere & la meſure, 4°. Prendre un Ton proportionné à l'étenduë de la Voix.

En chantant, il faut 1°. Ne nommer aucune Note ſans voir le Rapport de cette Note avec la Clef. 2°. Il faut faire attention que pour entonner juſte , il faut entendre les Sons de l'Intervale avant que de les prononcer. 3°. Il faut obſerver la Proportion de la valeur des Notes , les Temps de la meſure , le Degré de mouvement , les Repos de la Voix & les agremens du Chant.

Après avoir chanté, il faut entrer dans l'eſprit de l'Air , en examiner la Modulation , les Cadences , l'Expreſſion & tout ce qui peut contribuer à la beauté de ſon execution.

Art. XII. Des Moyés de noter d'oreille

Lorſqu'on s'eſt rendu capable par ces Principes & par ces Regles de déchiffrer toutes ſortes d'Airs, on ſouhaite naturellement de noter d'oreille , & pour en acquerir l'habitude , il me paroiſt que l'ordre naturel demande , 1°. Qu'on s'attache à con-

noiftre & à diftinguer les Airs de caractere. 2°. A fentir les
Temps de la mefure, & la maniere dont ils font remplis. 3°. A
donner des noms aux Intervales de l'Air que l'on veut noter,
dont on connoiftra le Mode par la nature de la Tierce, à compter
depuis la Finale de l'Air jufqu'à la Mediante; enfin, fi l'on prend
foin de fe donner un Ton fixe, comme celuy de l'Opera, la com-
paraifon que l'on en fera avec la Finale de l'Air qu'on entend
executer, fera connoiftre en quel Ton cet Air eft compofé.

Voilà les douze Articles dans lefquels j'ay eu deffein de ren-
fermer en fubftance & dans un ordre naturel les connoiffances
qui doivent preceder l'étude de la Compofition, & dont on
connoiftra l'utilité par l'interpretation des bons Maîtres & par
l'experience.

FIN DE LA THEORIE.

DE LA PRATIQUE
DE
LA MUSIQUE,

Dont les Leçons & les Exemples sont disposez
dans l'ordre naturel.

LEÇONS DE MUSIQUE.

TOus les Sons de la Musique se reduisent à sept, dont voicy l'ordre & les noms en montant & en descendant.

<table>
<tr><td rowspan="7">en montant</td><td>SI,</td><td rowspan="7">en descendant.</td></tr>
<tr><td>LA,</td></tr>
<tr><td>SOL,</td></tr>
<tr><td>FA,</td></tr>
<tr><td>MI,</td></tr>
<tr><td>RE,</td></tr>
<tr><td>UT,</td></tr>
</table>

Les figures que l'on employe pour exprimer ces Sons, s'appellent Notes.

Division de la Pratique de la Musique.

La Musique considerée par rapport à son execution, se divise en trois parties; Sçavoir la Nomination des Notes, leur Intonation, & la Mesure. Les Clefs de la Musique donnent la nomination des Nottes. L'Intonation s'acquiert par la pratique des Intervales qui referment les distances des Sons, & la Mesure consiste dans la valeur des Notes, & dans les differens degrez de mouvemens. La seule Mesure fait la difference de la Musique et du Plein-Chant.

Il y a trois Clefs, dont voicy les Noms, les Figures & les

Differêtes Positions.

Clef d'UT, | Clef de SOL, | Clef de FA,
ou de C-Sol-Ut. | *ou* de G-Re-Sol. | *ou* d'F-Ut-Fa.

Il y a trois Signes de mutation de Son, sçavoir le Dieze, *ainsi* ✳, lequel éleve de demy-Ton la Note devant laquelle il est posé. Le Bemol, *ainsi* ♭, lequel baisse de demy-Ton la Note devant laquelle il se trouve posé. Et le Becarre, *ainsi* ♮, lequel ôte le Dieze & le Bemol, & remet les Notes dans leur Ton naturel.

PRATIQUE DE L'INTONATION, *par degrez conjoints.*

Par Quintes.

Par Octaves.

Intervales de l'UT.

Intervales du RE.

Intervales du SOL.

Intonation triplée.

La lettre *d* qui se trouve dans les Leçons suivantes, est pour avertir de demeurer, c'est-à-dire de prendre son haleine ; ce qu'il ne faut faire qu'à propos : La Pratique en fait sentir le goût & la necessité.

Leçons non-mesurées, sur les differentes Clefs, avec les noms des Parties ausquelles elles sont propres.

Je ne doute pas que Messieurs les Maîtres ne fassent connoître aux Ecoliers qu'il est de consequence de s'accoûtumer dès le commencement à chanter avec goût ; c'est ce qui m'a déterminé à marquer les *Ports-de-voix*, les *Tremblemens* & les *Cadences* qui y conduisent naturellement.

Clef de Bas-Dessus.

Suite de la Clef de Bas-Dessus.

Clef de Basse.

Clef de Basse-Taille.

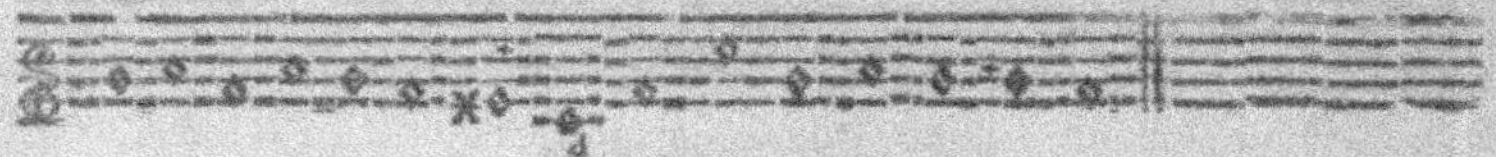

Clef de Dessus de Violons.

Clef de Dessus Chantants.

Dans les Tons transposez par des Diezes, on pose les Diezes
de quinte en quinte au commencement de la Clef, dans l'ordre
suivant, Fa, Ut, Sol, Re, La, &c. Et le dernier Dieze se nomme SI. On a joint la Clef naturelle à celle du Ton transposé.

Exemples pour les Tons transposez, par des Diezes.

Dans les Tons transposez par des Bemols, on pose les Bemols de quarte en quarte au commencement de la Clef dans l'ordre suivant, Si, Mi, La, Re, Sol, &c. Et le dernier Bemol se nomme Fa.

Exemples pour les Tons transposez, par des Bemols.

Observations sur la Mesure.

Pour prendre l'esprit d'un Air, & pour en battre exactement la Mesure, il y a quatre choses à observer.

1°. Sçavoir à combien de temps se doit battre la Mesure.

2°. Dequoy chaque temps est remply, ou composé.

3°. L'expression qui consiste principalement à sçavoir quelles Notes sont égales ou inégales.

4°. Le degré de mouvement.

De ces quatre choses à observer , il y en a trois ; Sçavoir,
Les temps de la Mesure , La maniere dont ils sont remplis,
Et l'expression, qui se connoissent par les signes de la Mesure.

Ces Signes sont simples ou composez.

Les Signes simples se reduisent au $\bar{\textbf{C}}$, au ϕ, au 2. & au 3.

Les Signes composez sont exprimez par deux chiffres posez
l'un sur l'autre , dont le Superieur marque la quantité des Notes
qui doivent entrer dans la Mesure ; & l'Inferieur la qualité de
ces mêmes Notes ou des équivalentes , dont voicy les figures.

Signes composez.

$$\frac{3}{1}. \quad \frac{3}{2}. \quad \frac{6}{4}. \quad \frac{6}{8}. \quad \frac{6}{16}. \quad \frac{3}{4}. \quad \frac{4}{8}. \quad \frac{4}{16}. \quad \frac{3}{4}. \quad \frac{3}{8}. \quad \frac{3}{16}. \quad \frac{9}{4}. \quad \frac{9}{8}. \quad \frac{9}{16}. \quad \frac{12}{4}. \quad \frac{12}{8}. \quad \frac{12}{16}.$$

Ces figures données , il faut faire voir comment chacune
d'elles indique les trois choses dont elles sont les signes.

Le $\bar{\textbf{C}}$ ouvert dénote que la Mesure se doit battre à quatre
temps, dont chaque temps est remply d'une Noire ou de l'é-
quivalent , & a les seules doubles-Croches inegales.

Le ϕ barré se bat à deux temps , il faut deux Noires ou l'équivalent pour chaque temps , les Croches sont inegales ; & par
consequent les doubles Croches , par ce qu'il faut observer que
dans quelque Mesure que ce soit , lorsqu'une espece de Note est
inegale , il s'ensuit que les especes inferieures le sont aussi.

Le 2. marque une Mesure à deux temps , deux Noires pour
chaque temps , & les Croches inegales.

Le 3. marque une Mesure à trois temps , une Noire pour chaque temps , & les Croches inegales.

Le $\frac{3}{1}$ marque une Mesure à trois temps , une Ronde pour
chaque temps ou l'équivalent , les Blanches inegales.

Le $\frac{3}{2}$ signifie une Mesure à trois temps , une Blanche pour
chaque temps , & les Noires inegales.

Le $\frac{6}{4}$ se bat à deux temps , trois Noires pour chaque temps,
les Croches inegales.

Le $\frac{6}{8}$ se bat à deux temps , trois Croches chaque temps , les
seules doubles-Croches inegales.

Le $\frac{6}{16}$ se bat à deux temps , trois doubles-Croches pour chaque temps , les doubles-Croches égales.

D ij

Le $\frac{2}{4}$ deux temps, une Noire chaque temps, doubles Croches inegales.

Le $\frac{4}{8}$ deux temps, deux Croches chaque temps, doubles Croches inegales.

Le $\frac{3}{4}$ trois temps, une Noire chaque temps, Croches inegales.

Le $\frac{3}{8}$ trois temps, une Croche chaque temps, doubles Croches inegales.

Le $\frac{3}{16}$ trois temps une double Croche chaque temps, doubles Croches égales.

Le $\frac{9}{4}$ trois temps, trois Noires chaque temps, Croches inegales.

Le $\frac{9}{8}$ trois temps, trois Croches chaque temps, doubles Croches inegales.

Le $\frac{9}{16}$ trois temps, trois doubles Croches chaque temps, doubles Croches égales.

Le $\frac{12}{4}$ se bat à quatre temps, trois Noires pour un temps, les Croches inegales.

Le $\frac{12}{8}$ quatre temps, trois Croches chaque temps, les doubles Croches inegales.

Le $\frac{12}{16}$ quatre temps, trois doubles Croches chaque temps, les doubles Croches égales.

S'il se trouve quelque Air, dont l'expression & la maniere de remplir les temps soient differentes de l'usage ordinaire, il faut regarder ces exceptions comme un dessein particulier de l'Auteur, qui n'empesche point la solidité des Regles autorisée par la Pratique de tous les Musiciens.

Pour le degré de mouvement, qui est la quatriéme chose à observer sur la Mesure, il se connoît par les Airs de caracteres qui en sont les Modeles, en remarquant que toutes les Mesures se battent ou à quatre, ou à deux, ou à trois temps.

La Mesure à quatre temps a trois degrez de mouvemens, le Lent, le Leger & le Vite.

Le modele de quatre temps lents est le Recitatif d'un Opera, ou d'un Motet, ou d'une Cantate.

Le Modele de quatre temps Legers, sont les Allemandes.

Le Modele de quatre temps Vites, sont les Entrées de Furies qui se batent à quatre temps.

La Mesure à deux temps a quatre degrez de mouvement; Lent, Leger, Vite & Tres-vite, dont les modeles sont pour le Lent, la premiere partie d'un Opera.

Pour le Leger, la Gavotte & la Gaillarde.

Pour le Vite, la Bourée & le Rigaudon.

Pour le Tres-vîte, l'Entrée des Bergeres & Bergers de l'Opera de ROLAND, exprimée par le signe $\frac{2}{4}$ ou $\frac{4}{8}$.

La Mesure à trois temps, a cinq degrez de mouvement; Sçavoir, Fort-grave, Grave, Leger, Vîte & Tres-vîte, dont les modeles sont;

Pour le Fort-grave, le Recitatif à trois temps, soit d'un Opera, d'une Cantate ou d'un Motet;

Pour le Grave, la Sarabande, la Passacaille & la Courante.

Pour le Leger, la Chaconne.

Pour le Vîte, le Menuet.

Et pour le Tres-vîte, le Passe-pied.

Voilà les differents degrez de mouvemens de la Musique Françoise, ausquels se rapportent ceux de la Musique Italienne, qui ne sont pas à la verité marquez par les caracteres, mais par des termes expressifs mis au commencement des Airs Italiens, tels sont ceux-cy *Adagio*, *Allegro*, *Presto*, *Prestissimo*, & autres qui se rapportent aux termes François, Lent, Leger, Vîte, Tres-vîte, &c.

On fera une juste application de ces modeles François, si l'on fait reflexion que tous les Chants sont Airs de caracteres, ou n'en sont point. A l'égard de ceux qui sont de caractere, comme les mouvemens en sont connus, il sera aisé de les rapporter à leur modele; & pour les autres Airs, il faut sçavoir l'intention de l'Auteur, ou bien en tastant l'Air, le rapporter au mouvement du modele que l'oreille jugera le plus convenable & le plus agreable.

Il ne faudra pas non plus s'étonner en voyant executer, si l'on bat certains Airs de caracteres d'une maniere differente de celle proposée, parce que les manieres differentes de battre la Mesure n'alterant point le mouvement, il est libre aux Musiciens de choisir celle qui leur paroît la plus convenable.

Nom & figure des Notes, & des Pauses de la Musique.

Les Italiens employent quelquefois des Blanches Croches, doubles-Croches & triples-Croches à la place des Noires, Croches & doubles-Croches ordinaires. On y conformera l'Impression, quand l'usage en sera commun.

Le Point augmente la Note qui le précede, de la moitié de ce qu'elle vaut.

Exemple.

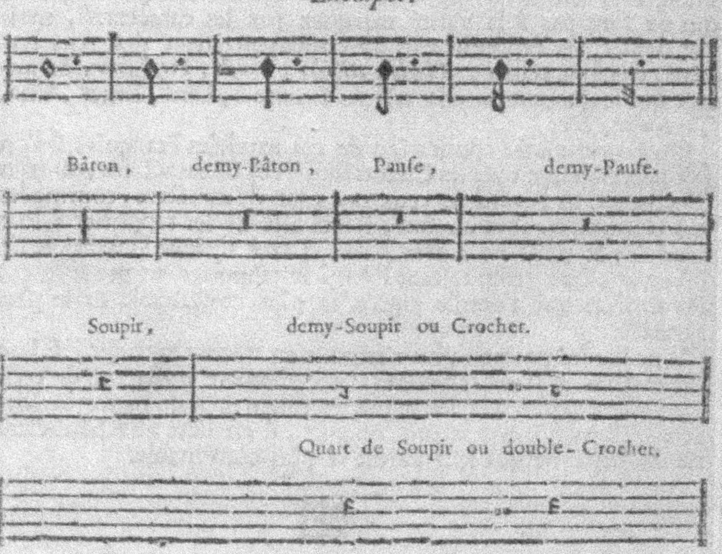

Leçons pour la Mesure à deux temps.

Leçons pour la Mesure à trois Temps.

Premiere Leçon.

Deuxiéme Leçon.

Leçons pour la Mesure à Quatre Temps.

Premiere Leçon.

Deuxiéme Leçon.

Troisiéme Leçon, mesurée.

Autres Exemples de la même Mesure.

AIR D'ISIS, *page 245.*

Autre Exemple pour la mesure à trois Temps.
A I R D'A M A D I S, *page* 131.

Autre Exemple, pour la mesure à deux Temps.

AIR DE MEDEE ET JASON, page 100.

Modeles des mouvemens de la Mesure à quatre Temps.

*Recitatif d'une Cantate De Mr. B******

Autres Exemples.

Lent.   AIR D'AMADIS, *page* 10.

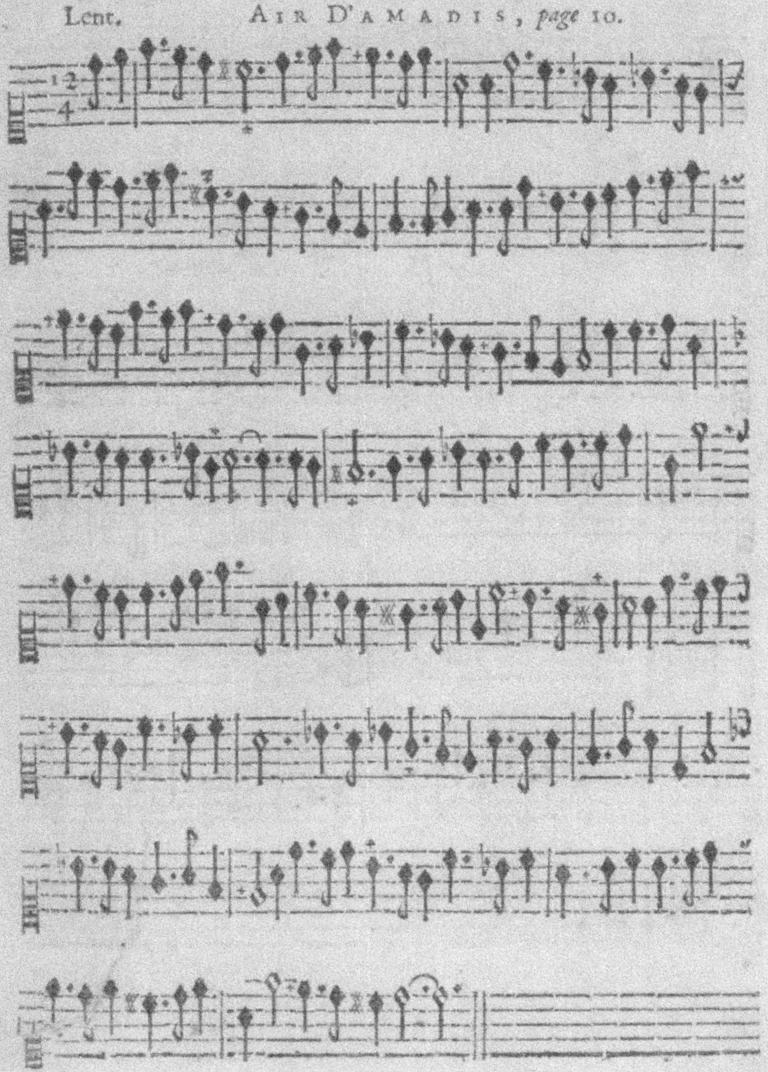

ALLEMANDE, *de Corelly*, Liv. 4. page 2.

Leger.

Leger. *AIR, de Phaëton, Page 115.*

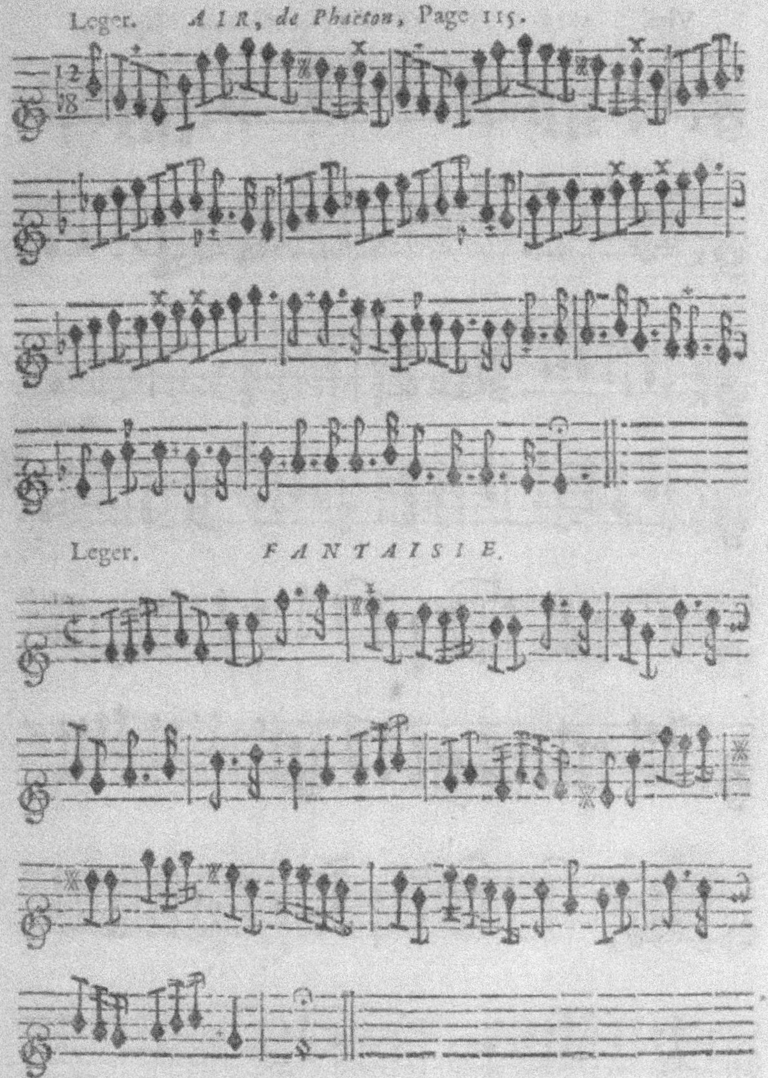

Leger. *FANTAISIE.*

Vite.   *AIR DES FURIES*, *de Phaëton*, Page. 144.

FANTAISIE.

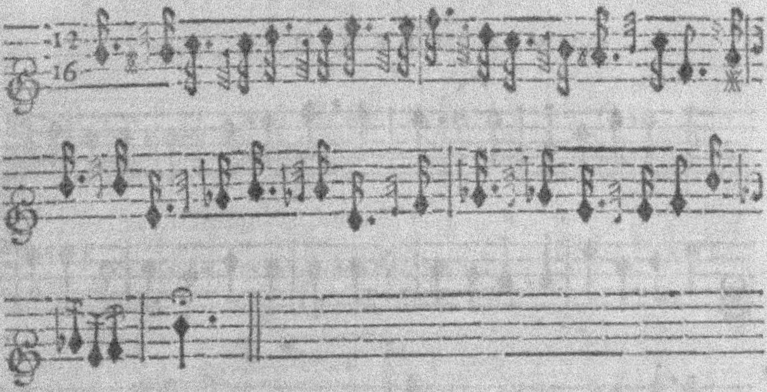

AIR des BOHEMIENS, du Ballet des Saisons, Page 276.

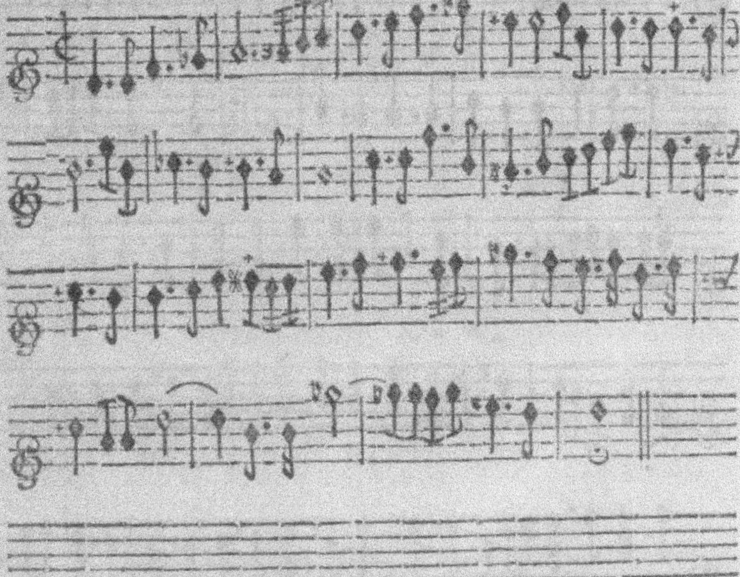

Exemples, des mouvemens de la Mesure à deux temps.

OUVERTURE de Phaëton, *Page 1.*

Lentement.

ENTRE'E, du Triomphe de l'Amour, Page 198.

LOURE, *des Festes de Thalie*, Page 120.

GAVOTTE, de M. F-Philidor, Liv. 2.me. Page 5.

Leger.   *ENTRÉE de Thesée, Page 187.*

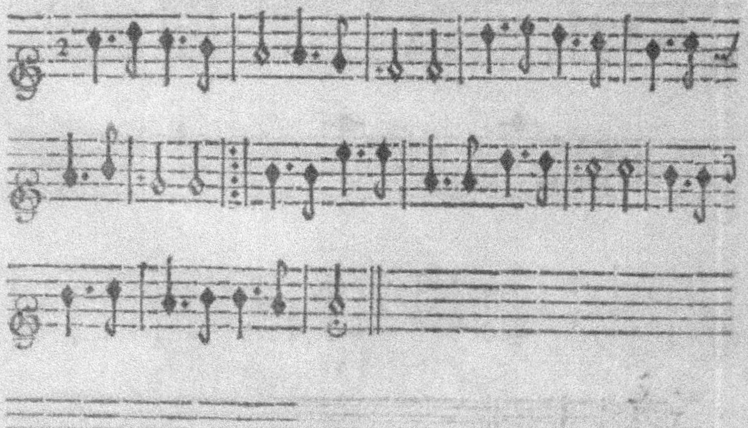

pre MUSETTE, de *Callirhoé*, page 216.

Leger.

IIᵐᵉ MUSETTE en *Rondeau*, d'*Ajax*, page 13.

Leger.

MARCHE POUR LES GUERIERS, *de Thesée*, page 86.

Tous.
Seul.
Tous.

Leger.   *FANTAISIE.*

AIR POUR LES VENTS, de *Cadmus*, page 23.

Leger.

AIR POUR LES COMBATTANS, *de Cadmus,* page 136.

Leger.

GAVOTTE *de Gaultier de Marseille*, dans les Duo, page 5.

RIGAUDON.

AIR DE PAYSANS, dans les Duo de Gaultier de Marseille, page 4.

LA MARIE'E, de Roland, page 177.

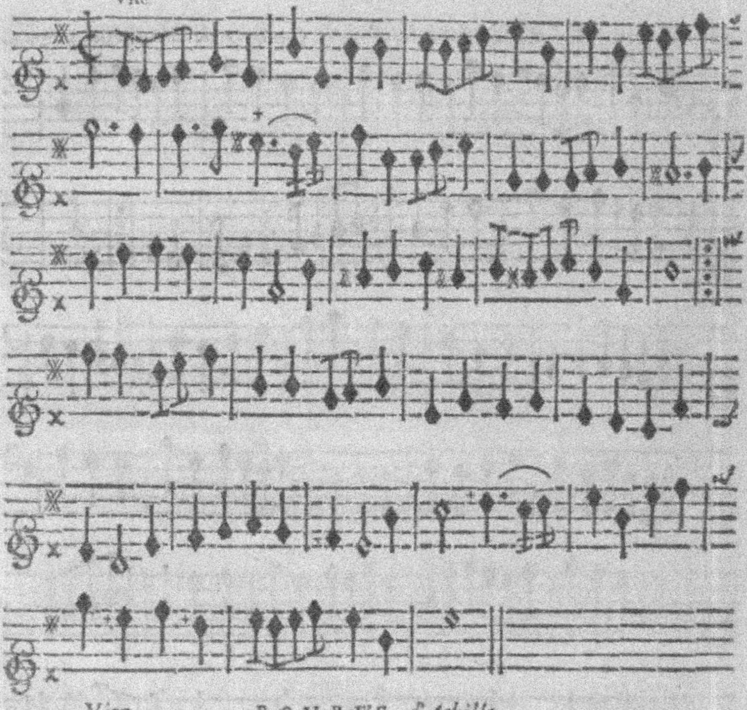

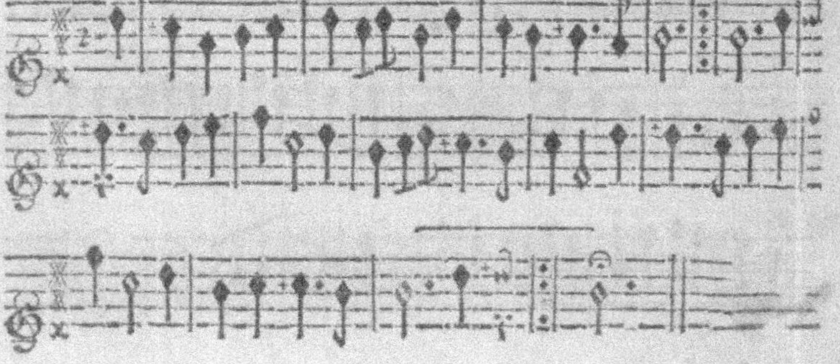

PAVANE *d'Enée & Lavinie*, Page 17.

LA FORLANE *de l'Europe Galante*, Page 186.

GIGUE *d'Amadis*, Page 11.

CANARIE du Temple de la Paix, Page 103.

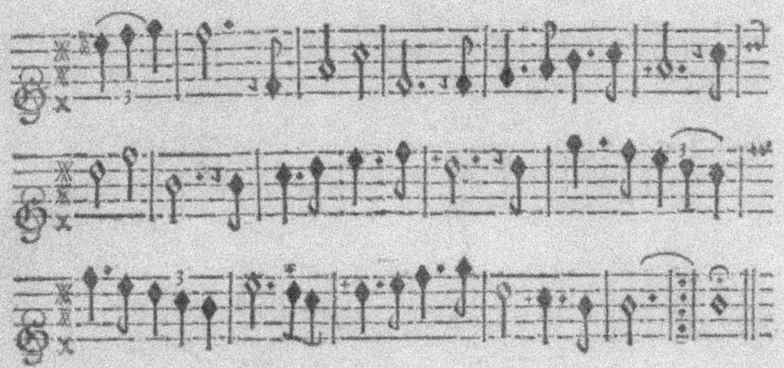

AIR du Recüeil d'Airs 1716. Page 146.
RONDEAU.

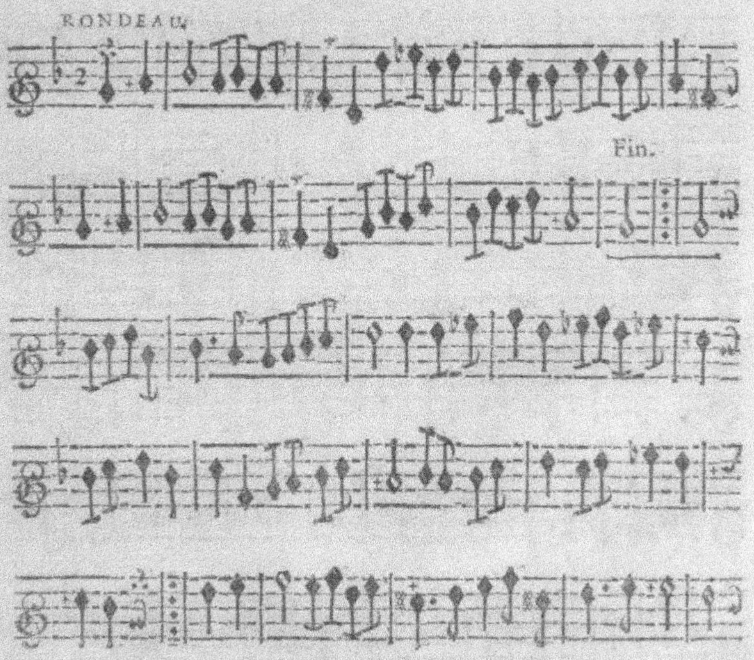

Fin.

ENTRE'E *de Roland*, Page 181.

Très Vite.   1re FANTAISIE.

Très Vite.   2de FANTAISIE.

Très Vîte.
3.me FANTAISIE.

Modeles des mouvements de la Mesure à trois temps.

Fort Grave.   *RECIT.*

Exemples de la Mesure à Trois un.

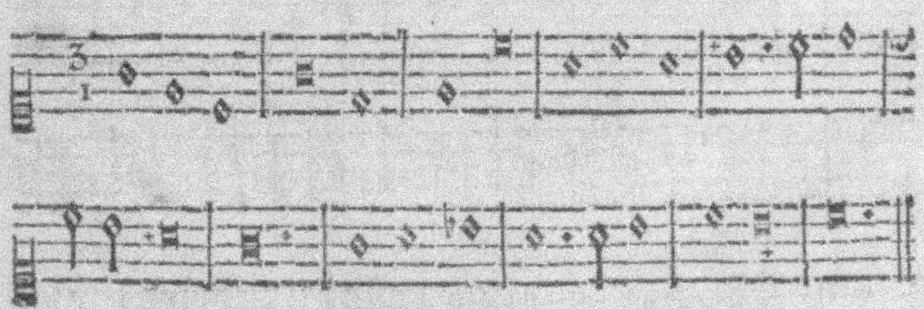

Autres Exemples pour la Mesure à Trois Temps.

Fort Grave.   *FANTAISIE.*

Grave.   *SARABANDE d'Issé*, Page 181.

Grave. *PASSACAILLE d'Acis & Galatée*, Page 156.

Doux.
Fort.

Doux
Fort.

Grave.   *COURANTE de Madame la Dauphine,*
dans la Clef des Chansonniers, page 192. *Tome* 2.

Grave.   *PASSACAILLE, d'ARMIDE*, Page 220.

FOLIES D'ESPAGNE, *dans les Tendresses Bacchiques.*

Grave.	TOM. 1. *page* 118.

Premier Double.

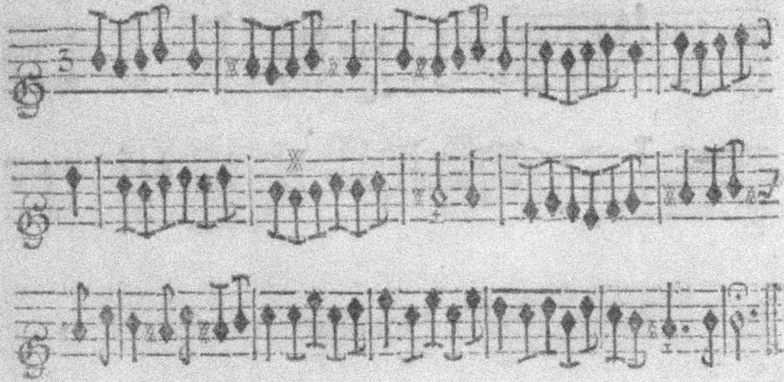

Deuxiéme Double.

Troisiéme Double.

Leger.   *AIR, de Monsieur* B******.

Leger. CHACONNE, de Phaëton, Page 111.

Leger. *FANTAISIE.*

Vite. *MENUET, des Festes de Thalie,* Page 125.

Vite.   *AIR, DE THESE'E*, Page 23.

PASSEPIED, *de Persé*, Page 9.

Exemples relatifs à la Theorie.

Des douze Sons de l'Octave.

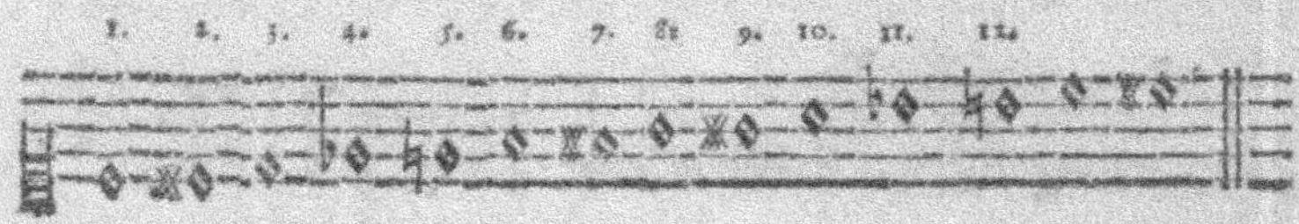

Des Intervalles.

Des Modes.

Majeur en Montant.

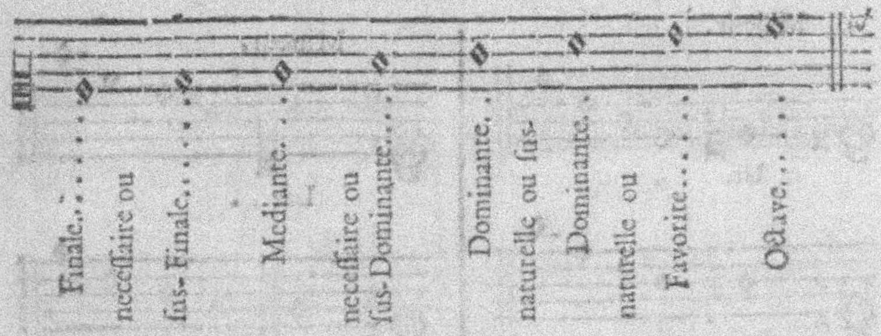

Majeur en Deſcendant.

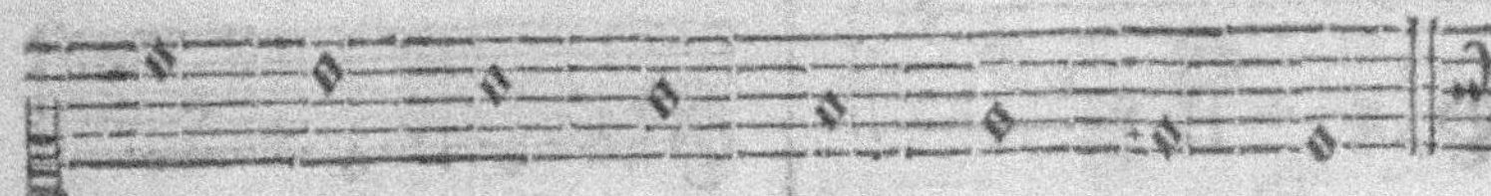

Majeur en Montant & en Deſcendant.

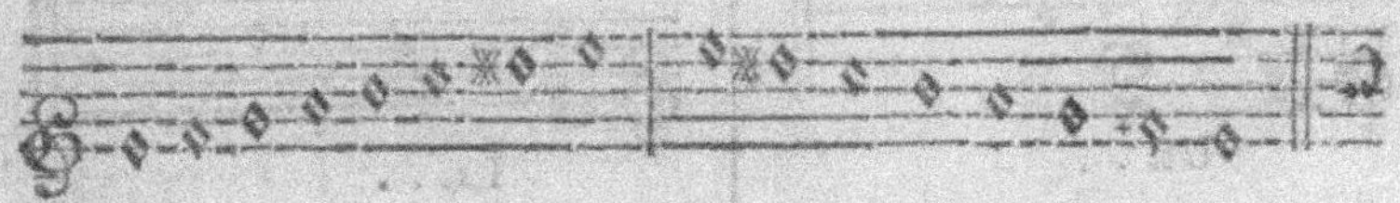

Mineur en Montant & en Deſcendant.

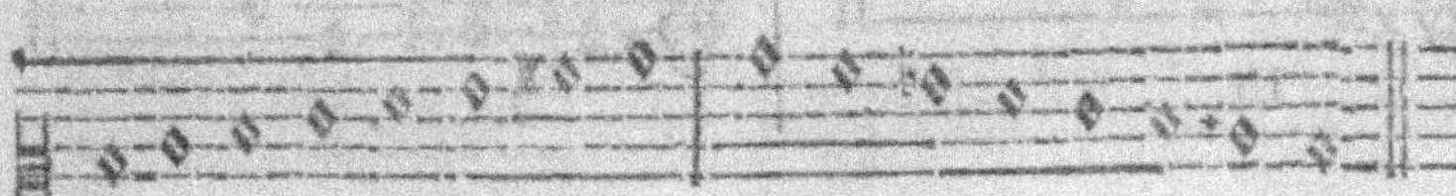

M

DES TONS,

& de leur Reduction au Naturel.

SUITTE DES TONS,

& de leur Redaction au Naturel.

Majeur. | Mineur.

LA MUSIQUE THEORIQUE,

DES TRANSPOSITIONS
de Tons, fur d'autres Tons transpofez.

On verra dans la Table fuivante, tirée du Livre d'Accompagnement de Monfieur de Saint-Lambert, tous les Tons poffibles fur lefquels un Air peut être tranfpofé.

TABLE

De tous les Tons sur lesquels un Air peut-être travaillé & transposé tant en mode Majeur qu'en mode Mineur, avec le nombre de Diezes & de Bemols qui leur conviennent.

Tons Majeurs.

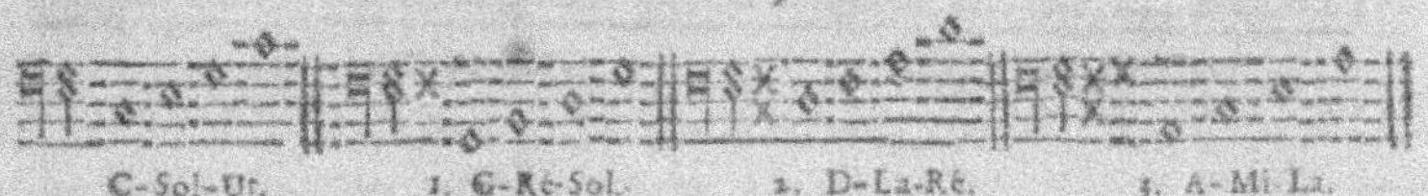

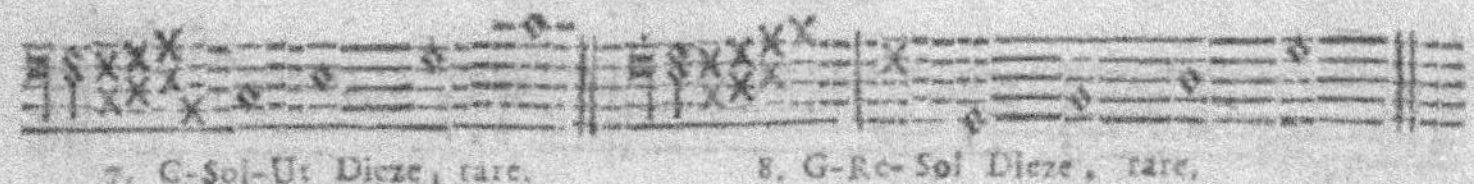

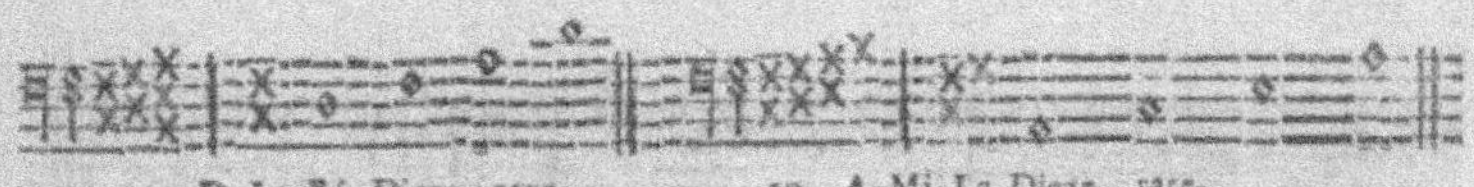

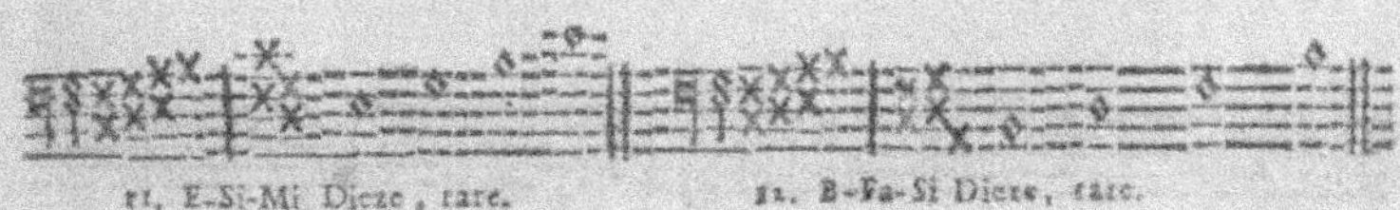

Tons Mineurs.

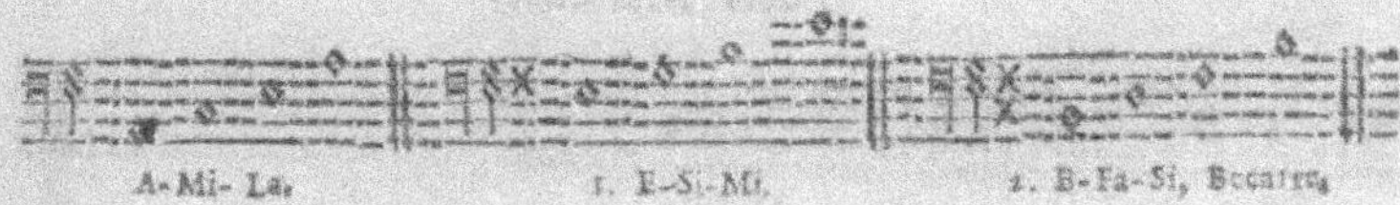

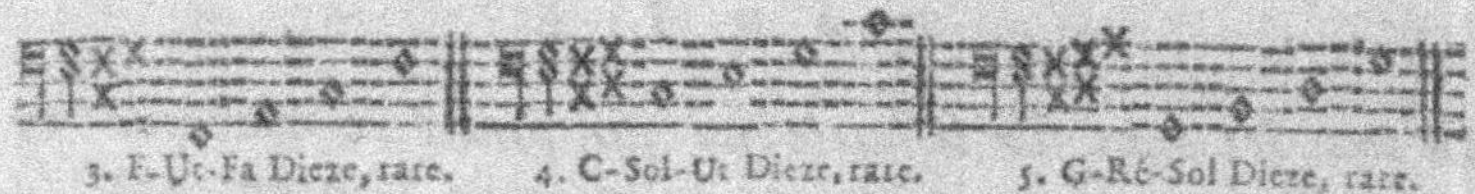

Tons Majeurs.

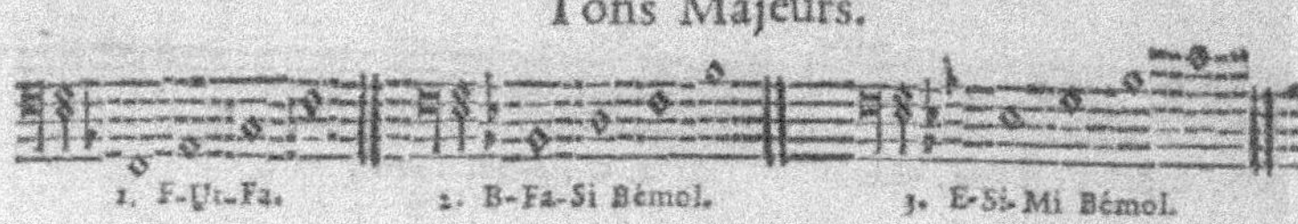

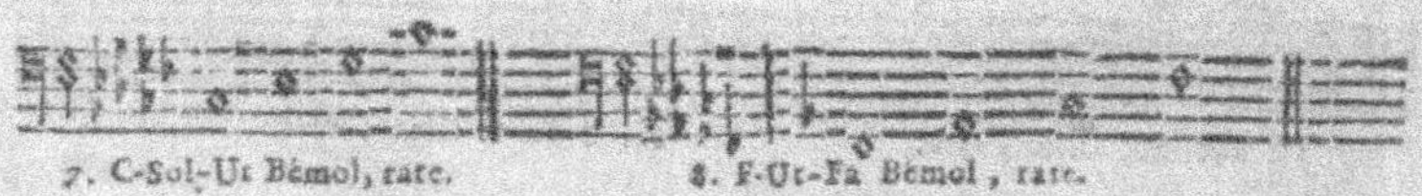

Tons Mineurs.

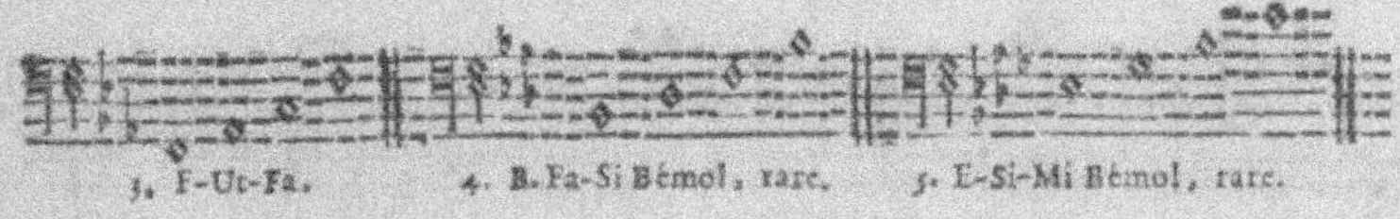

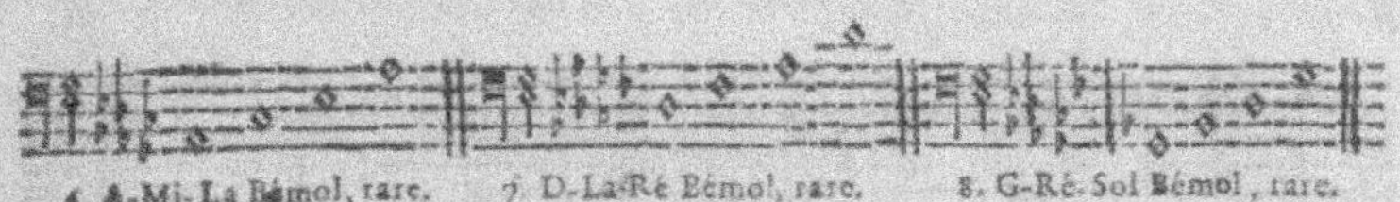

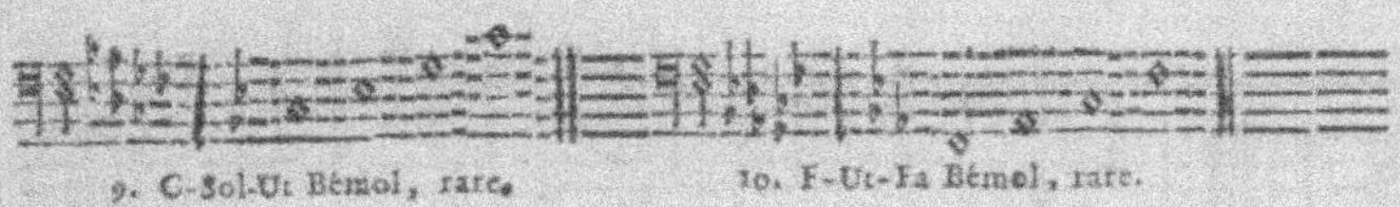

Des Modulations.

DES CADENCES.

Mode Majeur, à la Finale.

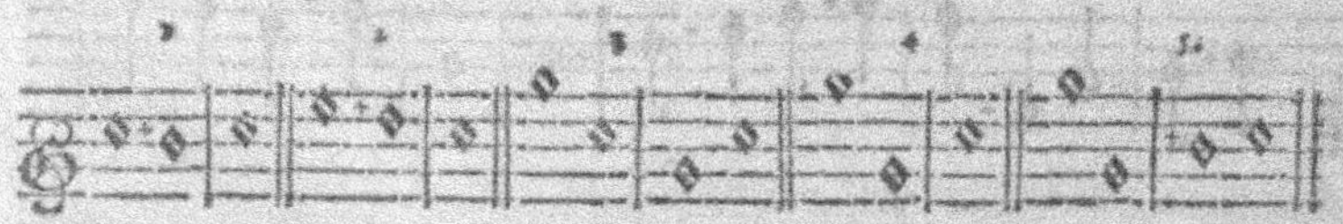

A la Dominante.

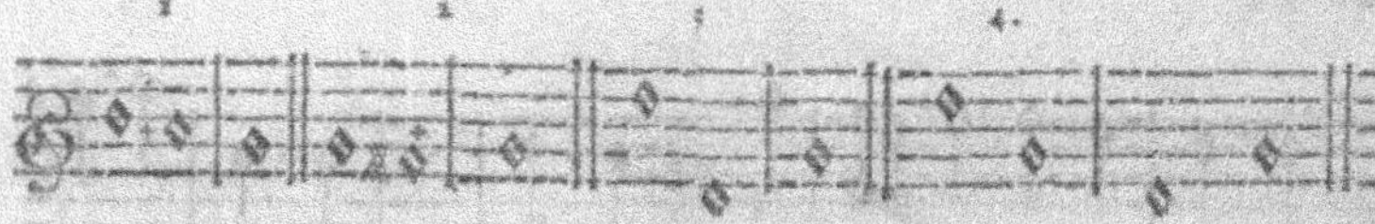

Mode Mineur, A la Finale de D-La-Ré.

A la Dominante.

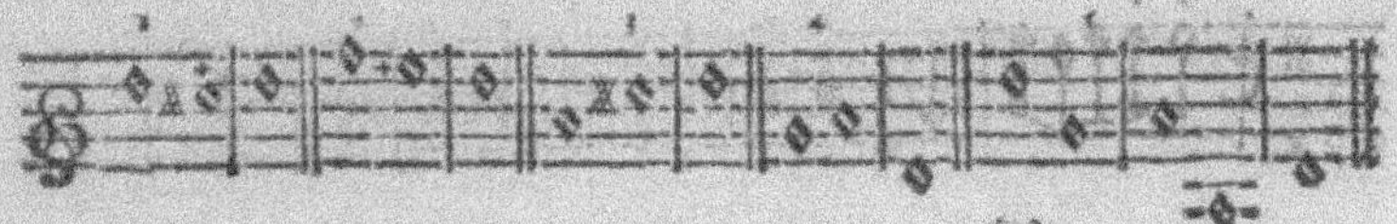

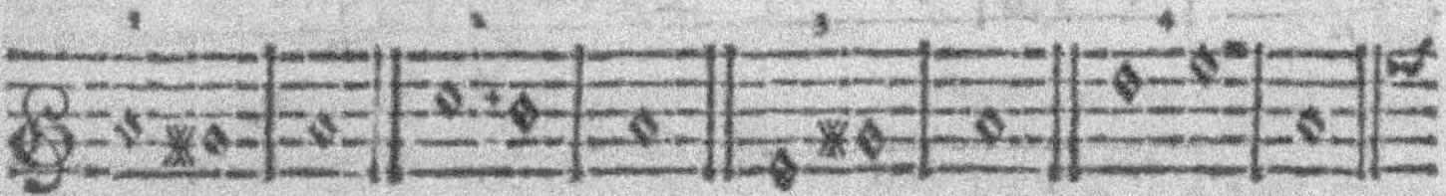

A la Dominante d'A- Mi- La.

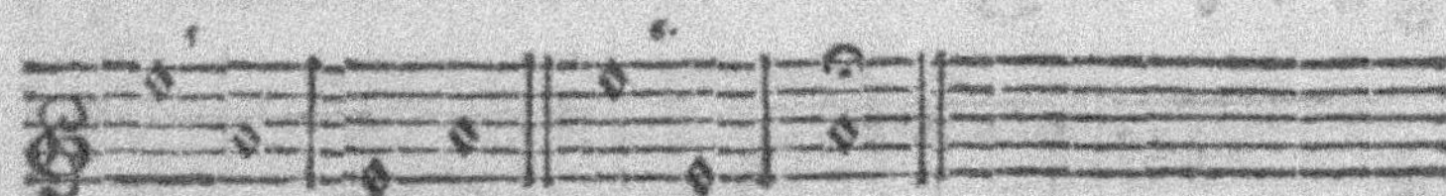

A la Mediante de D-La-Ré.

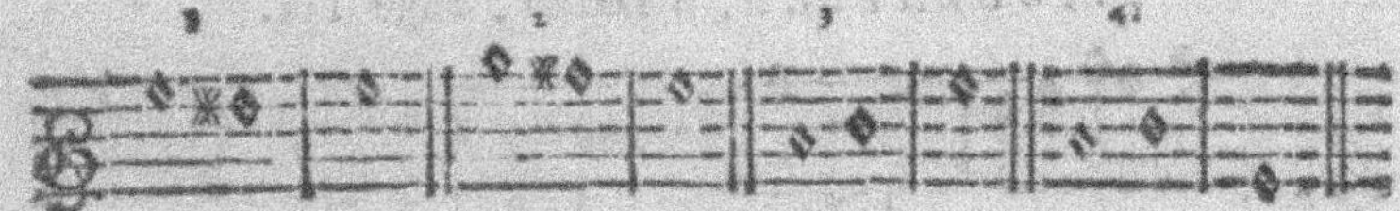

De la *Cadence irreguliere qui se fait toûjours à la Dominante.*

Majeur.

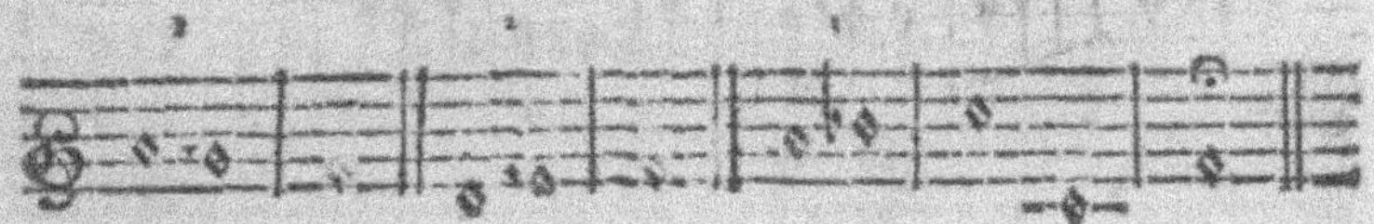

PRELUDE, d'Atys, Page 87.

RITOURNELLE, d'Amadis, Page 132.

On remet icy sous un coup d'œil toutes les Clefs de la
Musique, quoy qu'elles ayent été dénommées dans
les Leçons du Plain-chant.

Positions des Clefs pour les Voix.

	Bas Dessus,	Haute-contre.
Premier Dessus.	*ou* Second Dessus.	

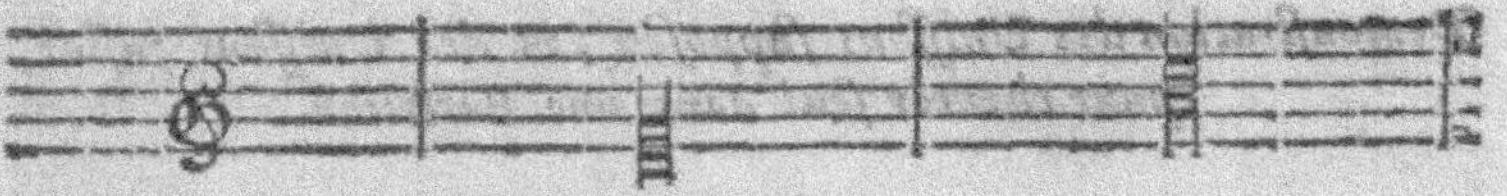

Premiere Taille,	Basse-Taille,	
ou Haute-Taille.	*ou* Seconde Taille.	Basse.

Lorsque les Voix ont beaucoup d'étenduë en haut, on se sert
des Positions des Clefs suivantes, qui étoient fort en usage
parmy les Anciens.

Dessus.	Haute-contre.	Taille.	Basse.

Positions des Clefs pour les Violons.

Dessus.	Haute-contre.	Taille.	Quinte.	Basse.

Unisson de toutes les Parties.

*Demonstration des Unissons supposez, & des Unissons justes,
pour chanter seul dans une Partition.*

Unissons Supposez.

Unissons Justes.

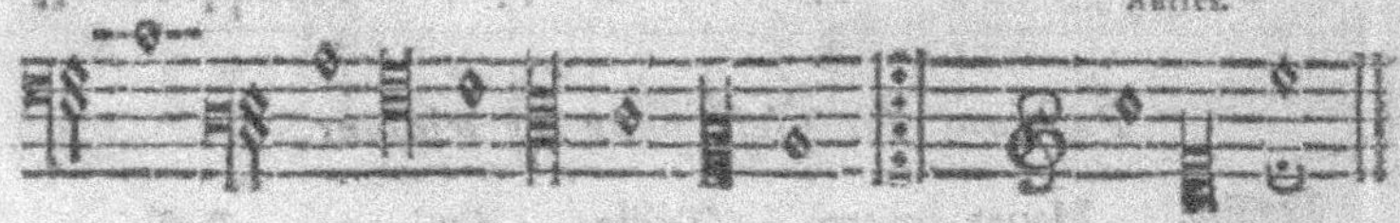

F I N.

TABLE
DES MATIERES.

Concernant la Theorie.

Concernant la Pratique.

TABLE.

TABLE.

FIN DE LA TABLE.

ATTRIBUTION DE LA CHARGE
de Seul Imprimeur du Roy pour la Musique.

PAR Lettres Patentes du Roy données à Fontaine-
bleau le cinquiéme jour du mois d'Octobre l'An
de Grace mil six cent quatre-vingt-quinze, Signées,
LOUIS : Et sur le replis, Par le Roy, PHELYPEAUX ;
Scellées du grand Sceau de cire jaune ; Confirmées par
Lettres de Surannation, données à Marly le vingt-
huitiéme jour de May mil sept cent quinze, Signées
comme dessus : Toutes lesdites Lettres Verifiées &
Registrées en Parlement le 7. Juin 1715. Il est permis
(à J B-Christophe Ballard, Seul Imprimeur du Roy
pour la Musique, & Noteur de la Chapelle de Sa Majesté) d'Imp imer, faire Imprimer, Vendre & Distribuer
toute sorte de Musique, tant Vocale, qu'Instrumentale,
de quelque Auteur ou Auteurs que ce soit, avec très-
expresses inhibitions & défenses à tous Imprimeurs,
Libraires, Tailleurs & Fondeurs de Caracteres, & autres
Personnes generalement quelconques, de Tailler, Fon-
dre, ni contrefaire les Notes, Caracteres, Lettres grises
& autres choses inventées par ledit Ballard ; n'y d'entreprendre ou faire entreprendre ladite Impression de
Musique, en aucun lieu de ce Royaume, Terres & Sei-
gneuries de l'obeïssance de Sa Majesté, nonobstant toutes Lettres à ce contraires, sans le congé & permission
dudit Ballard ; A peine de confiscation des Livres ou
Exemplaires, Notes, Caracteres & autres Instruments
servant au fait de ladite Impression de Musique, & de
six mille livres d'Amende ; ainsi qu'il est plus amplement
declaré esdites Lettres : Sadite Majesté voulant qu'à l'Ex-
trait d'icelles mis au commencement ou fin desdits Livres
imprimez, foy soit ajoûtée comme à l'Original.

9 782329 244082